# COMO ENFRENTAR A ANDROPAUSA

## Envelhecimento Sexual Masculino

**Dados Internacionais de Catalogação na Publicação (CIP)**
**(Câmara Brasileira do Livro, SP, Brasil)**

Olszewer, Efrain, 1954 –
    Andropausa : envelhecimento sexual masculino /
Efrain Olszewer. – São Paulo : Ícone, 2001. –
(Coleção como enfrentar a andropausa)

    Bibliografia.
    ISBN 85-274-0645-4

    1. Andropausa – Obras de divulgação  I. Título.
II. Série

01-2681
                    CDD-616.693
                    NLM-WJ 702

## Índices para catálogo sistemático:

1. Andropausa : Medicina    616.693
2. Envelhecimento sexual masculino :
        Medicina    616.693

*Dr. Efrain Olszewer*

# COMO ENFRENTAR A ANDROPAUSA

## Envelhecimento Sexual Masculino

Ícone editora

© Copyright 2001.
Ícone Editora Ltda

**Capa**
Amélia Oraci Gasparini

**Revisão**
Marcus Macsoda Facciollo

**Diagramação**
Isabel Reis Guimarães

Proibida a reprodução total ou parcial desta obra
de qualquer forma ou meio eletrônico, mecânico,
inclusive através de processos xerográficos,
sem permissão expressa do editor
(Lei nº 9.610/98)

Todos os direitos reservados pela
**ÍCONE EDITORA LTDA.**
Rua das Palmeiras, 213 — Sta. Cecília
CEP 01226-010 — São Paulo — SP
Tel./Fax.: (11) 3666-3095

# SUMÁRIO

1. ANDROPAUSA ................................................... 7

2. LIBIDO ............................................................ 10

3. TESTOSTERONA E LIBIDO ............................... 14

4. FENÔMENO DA EREÇÃO ................................. 17

5. ORGASMO ...................................................... 20

6. FUNÇÃO SEXUAL MASCULINA ..................... 23
   6.1. Neurofisiologia da Ereção Peniana ........... 25
   6.2. Causas de Disfunção Erétil ....................... 26
   6.3. Testes para Identificar Disfunção Erétil ..... 28
   6.4. Tratamento com Drogas Vasoativas .......... 29
   6.5. Aparelhos que Estimulam a Ereção .......... 31
   6.6. Cirurgia Vascular para Disfunções Eréteis . 32
   6.7. Implantes ................................................ 32
   6.8. Viagra ..................................................... 33

7. DROGAS QUE AFETAM A FUNÇÃO SEXUAL .... 36

8. A TESTOSTERONA ......................................... 39
   8.1. Propriedades dos Andrógenos ................... 45
   8.2. Avaliação Laboratorial da Testosterona ..... 48
   8.3. Evidências Médicas da Suplementação
       com Testosterona ....................................... 49
   8.4. Sintomas por Deficiência de Testosterona .... 61

9. GUIA INTELIGENTE DO USO DE
   NUTRIENTES E SUBSTÂNCIAS NO
   TRATAMENTO COADJUVANTE DO
   ENVELHECIMENTO SEXUAL MASCULINO .... 63

9.1. Nutrientes.................................................... 63
  *Aminoácidos* ............................................... 63
  *Fenilalanina e Tirosina* ............................... 66
9.2. Ervas ......................................................... 68
  *Ginseng*...................................................... 68
9.3. Outros Nutrientes ...................................... 70
  *Niacina* ...................................................... 70
  *Acetilcolina*................................................. 70
  *Vitamina B5 (ácido pantotênico)* ............... 72
  *Zinco* .......................................................... 72
9.4. Outros Agentes Naturalmente Sintetizados
  no Organismo.............................................. 74
  *Androstenediona* ........................................ 74
  *DHEA*.......................................................... 78
  *Pregnenolona* .............................................. 79
9.5. Outras Substâncias Pró-Sexuais................. 80
  *Feromônios*.................................................. 80
  *GHB* ............................................................ 82
  *Hormônio de Crescimento* ......................... 82
9.6. Conclusões................................................. 83
10. O QUE DEVEMOS SABER DA PRÓSTATA ..... 84
11. CONCLUSÕES............................................... 86
Bibliografia .......................................................... 89

# 1

# *ANDROPAUSA*

JM, com as mãos colocadas no rosto, tentava consolar-se, enquanto sua namorada displicentemente fumava um cigarro olhando para o teto do quarto de motel. Para JM tudo tinha dado errado, considerava-se um impotente aos 30 anos de idade. Será que é andropausa, perguntando-se?

O termo andropausa indica o fenômeno associado ao envelhecimento sexual masculino, definido principalmente por alterações na ereção do pênis ou por perda do desejo denominado de libido.

Muitos consideram até como um conceito similar ao envelhecimento sexual feminino, denominado menopausa. Porém, esse último conceito indicaria ausência das menstruações, não confundir com climatério que é toda a fase que antecede e continua após a menstruação, e que tem características próprias.

Entretanto, esse fenômeno não acontece no sexo masculino, em que não existe a menopausa como tal, de modo que os próprios autores não têm certeza se o verdadeiro nome associado ao envelhecimento sexual masculino seria andropausa. A mulher quando entra na menopausa perde inclusive seu potencial de multiplicar-se, fato que não acontece no homem, já que a própria história tem demonstrado que o sexo masculino pode procriar até o fim da vida.

Na sua definição, andropausa é um fato que acontece associado a uma diminuição do interesse sexual associado a uma impotência sexual ou dificuldade de manter um relacionamento sexual adequado ou normal.

Uma das características mais interessantes relacionadas à menopausa feminina é a queda ou declínio da atividade hormonal, que se inicia em torno dos 40 anos de idade. Essa fase é denominada climatério, que não tem uma data certa para se iniciar, assim como não tem uma data certa para terminar. Porém, sua variabilidade poderá ir dos 40 aos 55 anos de idade. A menopausa é descrita como aquela fase onde existe ausência definitiva das menstruações.

As características no sexo feminino determinam que, em torno de aproximadamente 40 anos de idade, exista um declínio da progesterona, que dá os primeiros sinais associados às disfunções menstruais, como ciclos menstruais mais longos ou mais curtos, e vai acontecer ausência definitiva das menstruações, algo ao redor dos 45 anos de idade, vinculado ao declínio definitivo da produção dos estrogênios.

Entretanto, no sexo masculino, o declínio hormonal não é tão evidente como pode ser observado no gráfico n° 1, pois, após a adolescência, a produção de testosterona se mantém quase em forma inalterada, até em torno dos 35 anos de idade, momento em que existe um pequeno e não estatisticamente significativo declínio da produção desse hormônio. Porém, um segundo declínio, também de pouca intensidade, acontece entre os 40 e 45 anos de idade.

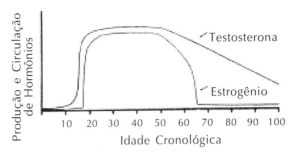

A partir desse momento existe um declínio lento e progressivo, atingindo, em torno dos 70 anos de idade, mais ou menos, 25 a 30% da concentração de testosterona comparada com a existente em indivíduos até os 30 anos de idade.

Porém, a capacidade reprodutora do homem, inclusive em idades avançadas, não está comprometida; existem inúmeros casos na literatura mostrando a capacidade de reprodução do homem independente da idade. Em termos práticos, a diminuição da capacidade sexual acontece aproximadamente entre os 45 e 60 anos de idade, associada principalmente a uma diminuição da vontade de manter uma atividade sexual e em segundo lugar, dificuldade de manter a ereção, um fenômeno denominado de impotência sexual. Mas, o que se tem observado nos últimos anos é que a idade da apresentação dos sintomas tem sido cada vez mais precoce, provavelmente associada a diferentes graus de comprometimento emocional.

Esses dois fatores seriam os que determinariam a situação de andropausa e que, por uma definição melhor, se denominaria como virinopausa, que seria a ausência ou a diminuição da capacidade da atividade sexual ou da virilidade nesses tipos de pacientes.

Para entender melhor esses conceitos, vamos tentar colocá-los em formas simples e claras para se poder entender os fenômenos que estão associados com o declínio da capacidade sexual masculina que denominamos andropausa ou virinopausa.

# **2**

# *LIBIDO*

É definida como a necessidade e o desejo de ter um relacionamento sexual satisfatório, que normalmente é obtido atingindo-se o orgasmo.

Normalmente as atividades sexuais de abraçar, beijar e o estímulo da carícia, sem completar no orgasmo, dão a sensação nos participantes de uma frustração e a necessidade de um gratificação sexual maior.

A libido é um desejo sexual, é um apetite para uma gratificação sexual. É derivada do instinto de procriar-se, que é necessário para estender a sobrevida da espécie e é o poder que motiva o desejo e a vida sexual. O desejo sexual é similar ao desejo da fome; quanto maior o intervalo entre as refeições, maior será a fome. A intensidade da libido difere de um indivíduo a outro, assim como difere nas diferentes fases da vida do paciente.

A libido é uma função que se relaciona a uma mente saudável e é controlada pelo sistema límbico do cérebro, que também está associado ao controle das emoções, do desejo de comer, de fumar e da atividade sexual. Os pacientes que sofrem com depressão têm uma redução da libido e têm normalmente uma perda total do desejo sexual.

Freud estudou a libido intensamente como uma parte da sexualidade e a descreve como um instinto básico. Ele usa o termo com maiores conotações do que normalmente é utilizado; acredita que a ansiedade é resultado de acumulações de tensões sexuais e de neuroses, podendo provocar diminuição da libido.

Jung considerou que a libido é a força unitária de todas as energias psíquicas e não somente explicitamente da atividade sexual. Não existem limites definidos para o que constitui a libido normal.

Alguns homens têm uma libido baixa durante toda a sua vida, um desejo sexual não freqüente. Entretanto, outros homens necessitam de atividade sexual freqüentemente para se sentirem satisfeitos. A atividade sexual do homem na velhice pode estar reduzida e pode estar correlacionada ao nível da libido que tinha nas suas idades mais jovens. Por exemplo, o homem jovem, cujo desejo de manter vida sexual ou de masturbação era realizado uma ou mais vezes por dia, tem o desejo de ter atividade sexual pelo menos duas vezes por semana entre os seus 60 e 70 anos de idade. Mas um homem que deseja atividade sexual duas vezes por semana em seus 30 anos, provavelmente vai se contentar com atividade sexual uma vez por mês nas suas idades mais adultas (gráf.2).

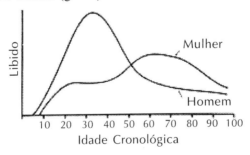

Quando um homem se sente libidinoso, desenvolve melhor os sentidos para atrair ou encontrar uma mulher que seja *sexy*. É nesse momento que a testosterona forma parte do quadro, já que a testosterona é o hormônio sexual masculino cujos níveis normais são extremamente importantes para definir a sua atividade sexual.

Tanto é que já está definido que o homem que normalmente tem níveis de testosterona adequados ou mais próximos dos níveis altos do normal, considera e tem formas de encontrar as definições da atração sexual nas mulheres. Entretanto, os homens que têm níveis de testosterona baixo, com libido baixa, normalmente acham que todas as mulheres são iguais para eles.

Existem diferenças consideráveis entre as necessidades de gratificação sexual entre os homens e as mulheres; tanto para um quanto para outro a diminuição da libido com o envelhecimento é normal, mas não desaparece totalmente. Mulheres saudáveis mantêm a libido praticamente sem grandes modificações durante toda a sua vida. Normalmente existe um aumento da sexualidade nas idades intermediárias, entre os 30 e 40 anos de idade, com uma diminuição gradual nas idades geriátricas. A libido da mulher permanece ativa inclusive quando a mulher chega à oitava década da vida.

Os homens, por outro lado, podem encontrar satisfação sexual com mulheres das quais eles não encontram atração em particular. A atração física normalmente se inicia com o relacionamento, mas não é necessária para homens, cuja libido é artigo e é fácil encontrar gratificação nas experiências sexuais. Apesar dele não encontrar uma mulher simpática, linda ou bonita para si, pode atingir o seu orgasmo sexual e encontrar prazer num relacionamento sexual com outra mulher.

A gratificação física é igual à experimentada na mulher pela qual ele tem atração. Porém pode existir uma grande diferença na satisfação emocional principalmente quando a atividade sexual é realizada com uma mulher pela qual ele se sente atraído.

A libido masculina pode ser aumentada por fatores extrínsecos independente dos níveis da testosterona. Abstinência, por exemplo, é um fator significativo, quando existe um estímulo erótico a qual ele está exposto. Esses estímulos são bem reconhecidos e utilizados como marcadores em cinemas e em material que é utilizado da propaganda.

Tanto homens quanto mulheres são susceptíveis à estimulação auditiva e visual sexual. Mas muitas pessoas são ofendidas pelo material pornográfico, muito mais freqüentemente as mulheres do que nos homens. Mas as mulheres respondem às histórias românticas e aos cinemas com o aumento da libido da mesma maneira.

O contato do corpo durante a dança aumenta a libido, mas isso é considerado mais como uma resposta do desejo que como uma resposta da libido. Em resposta à exposição à estímulos eróticos e experiências, determina-se quando a libido termina ou se inicia e esse fenômeno é difícil de identificar. Quando a libido é baixa, o início da atividade ou do desejo sexual pode estar retardado ou estar totalmente ausente.

Após um relacionamento sexual, uma mulher normalmente está inclinada a sentir mais amor e afeto pelo seu amante; o coito pode ser aumentado. Se o relacionamento sexual é realizado na ausência de amor e feito somente para obter gratificação sexual, o homem vai preferir manter distância da mulher, no caso tanto física como emocionalmente, até a fase seguinte, etapa onde vai sentir novamente, com desejo ou libido presente para manter a atividade sexual. Apesar dos adultos reconhecerem essa disparidade, tanto nas características psicológicas em homens quanto em mulheres, nem todo mundo está adequadamente preparado para discutir ou para enfrentar essas realidades e em alguns casos um adequado aconselhamento pode permitir aproximar essas diferenças criadas por tais situações.

# 3

# *TESTOSTERONA E LIBIDO*

A produção de testosterona e os níveis de testosterona circulares são um efeito importante na libido masculina. A produção de testosterona aumenta dentro dos primeiros dez anos e vai correndo paralelamente ao nível da libido.

O início da diminuição da testosterona acontece mais ou menos em torno dos 30 anos de idade. Mas esse declínio é muito gradual e mínimo até a sexta década da vida em indivíduos que são normais e que têm uma função testicular também dentro de limites normais. Evidências indicam que a libido diminui quando existe uma diminuição nos níveis de testosterona que é liberada pelos testículos (gráf. 3).

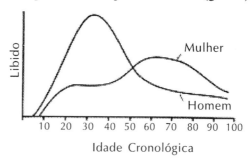

Níveis básicos de testosterona em pacientes que recebem terapia por substituição de testosterona; têm uma melhora na sua atividade sexual, com um estímulo de pouca intensidade, inclusive com períodos curtos de tempo, como veremos na parte de tratamento.

As pesquisas científicas ainda não têm uma adequada explicação de como a testosterona trabalha na atividade cerebral para aumentar a libido. Acredita-se que os receptores que existem no cérebro respondam às moléculas de testosterona que são colocadas no plasma sangüíneo. Os níveis de testosterona não correspondem exatamente aos níveis da libido. Por exemplo, durante o dia, existem subidas e descidas de testosterona no cérebro que não correlacionam diretamente com as forças libidinosas. Os níveis de testosterona são muito mais altos, como sabemos, nas primeiras horas da manhã. Mas a libido pode variar durante o dia e, à medida que o indivíduo vai envelhecendo, essas variações cíclicas de testosterona diminuem e com a queda da testosterona pode existir um decréscimo normal e gradual na libido, mas tanto o envelhecimento quanto a libido, não são diretamente proporcionais.

As variações dos níveis de testosterona são um dos fatores determinantes mais poderosos na libido dos homens. Em indivíduos que são deficientes ou têm níveis normais de testosterona, a administração externa de testosterona vai aumentar sua libido.

Pesquisas científicas confirmam que a testosterona administrada em homens com deficiências do hormônio aumenta a libido. O efeito hormonal em indivíduos com funcionamento gonadal normal é menos claro como está reportado na literatura médica. Mas não há dúvida de que existe uma resposta com uso extrínseco de testosterona, inclusive em pacientes com níveis normais.

O mito de que existem pessoas com alto nível de libido relacionado com o alto nível de hormônio circulante não tem nenhum fundamento. Não existe evidência clínica indicando que homens com altos níveis de testosterona circulante tenham índices extremamente elevados de libido. Igualmente, adolescentes que mostram interesse pelo sexo oposto não o fazem porque têm níveis elevados de hormônios.

Quando o homem tem níveis elevados de testosterona, que pode ser provocado, inclusive, por administração do hormônio, seja por via oral ou injetável, não mostra evidência de uma libido anormal.

Homens que tomam altas doses de compostos e esteróides com efeito anabolizante, que estão farmacologicamente relacionados à testosterona, também não demonstraram ter um nível elevado de libido, podendo ao contrário mostrar intensa agressividade e irritabilidade e não necessariamente um aumento da libido.

Recentes pesquisas têm demonstrado que homens jovens podem também ter níveis baixos de testosterona provocadas por situações de adversidade, já que os mecanismos de defesa contra o *stress* dependem de fatores bioquímicos que formam parte do mesmo esquema de formação da testosterona, de modo que se o organismo precisa fabricar mais química contra o *stress* poderá sacrificar momentaneamente a produção de testosterona.

# 4

## FENÔMENO DA EREÇÃO

A modificação de um pênis de uma posição flácida a uma posição ereta, compromete uma série de funções fisiológicas complexas do organismo humano. Requer uma combinação da parte psicológica, do sistema nervoso, do sistema circulatório, principalmente das artérias e veias, dos músculos e de componentes hormonais. Se um desses elementos desse sistema falha, a ereção não acontece ou ela é perdida durante a relação sexual.

É possível se alcançar a ereção somente por estímulo físico do pênis, sem ter pensamentos eróticos. A fricção pode provocar uma ereção, mas na ausência de um estímulo físico direto, o cérebro manda o início de uma ereção; o evento mental pode ser consciente ou inconsciente. Quando ocorre a um nível consciente é uma resposta.

O estímulo pode ser visual, auditivo ou tátil, ou uma combinação desses. O estímulo é um impulso nervoso enviado para o cérebro através da região medular e é mandado novamente o estímulo para que através dos vasos sangüíneos e dos tecidos possa acontecer o processo de ereção.

A ereção se inicia quando os impulsos nervosos, emitidos pelo cérebro às paredes das artérias, que penetram no pênis, alteram o fluxo de sangue para o órgão.

No início da ereção o sangue nas artérias vai com uma velocidade acima de 100 ml por minuto. O excedente de sangue que ingressa preenche compartimentos chamados cavidades sinosoidais. O preenchimento pressiona as paredes das veias de retorno, fechando-as, evitando dessa maneira o escape do sangue.

O crescimento do pênis é conseqüência da extensão das paredes que existem dentro do pênis e pode ser comparado com o que acontece com um balão quando ele é enchido de ar.

Na parte que o pênis se liga ao osso pênico existe uma estrutura fibrosa denominada ligamento suspensório, que junta esta parte do pênis com o osso. Esse ligamento determina o ângulo e a direção que o pênis vai atingir durante a ereção. À medida que o indivíduo envelhece, esse ligamento suspensório pode alongar-se e perder parte de sua atividade tensional.

O grau de dureza da ereção necessária para penetrar, depende do ângulo de aproximamento, do tamanho do pênis ereto e também se existe ou não uma ajuda manual pelo homem ou por sua parceira. O grau de lubrificação vaginal e o tamanho do entroito ou da entrada da cavidade vaginal.

Durante a ereção, a pele que cobre o pênis é suave e pregável, mas as estruturas que se encontram debaixo dela podem ficar tão duras quanto o osso. Em algumas instâncias o pênis semi-ereto é suficiente para um orgasmo, mas sempre um pênis ereto é necessário para o homem experimentar um orgasmo. Mas quase sempre é necessário que exista uma ereção total, que exista um pênis ereto para experimentar o orgasmo.

O pênis ereto durante o coito tem a sensação do efeito de massagem que acontece nas glândulas que estão na parte final do pênis e transmite um impulso nervoso, tanto para os nervos, quanto para os tecidos envolvidos no complexo do orgasmo determinado pelo fenômeno de ejaculação. O pênis flácido tem muito menos sensibilidade.

Dificuldades de ereção são muito comuns em quase todas as idades, inclusive em jovens. Quando alguém está tendo algum tipo de relacionamento sexual e distrai sua atenção, pode perder sua ereção. Mas a maior causa de perda de ereção em indivíduos saudáveis, acima de 50 anos de idade, são os bloqueios mentais. E uma das causas mais comum é o medo de errar no momento certo. A mente do paciente está enfocada na dureza do pênis, em lugar de pensar no amor, na afeição, no sexo e no bem-estar.

É praticamente consenso que a testosterona melhora, não somente o bem-estar do paciente, sinal que também melhora a masculinidade e a capacidade física, melhorando a resposta da libido e mostrando melhor capacidade de ereção.

Resumidamente, a testosterona melhoraria as cenas mentais para uma melhor função erétil. Porém é sempre importante fazer uma avaliação médica adequada junto com os exames de diagnósticos, assim como uma avaliação funcional, para poder determinar a verdadeira necessidade da suplementação com testosterona para o paciente. A testosterona é extremamente útil no tratamento das dificuldades de ereção em qualquer idade, principalmente se os níveis hormonais estão baixos.

A ereção pode acontecer, inclusive, na ausência de testosterona, mas sua freqüência é menor e normalmente há menos firmeza do que com a presença de testosterona. Os meninos pré-púberes, apesar de produzirem muito pequena quantidade de testosterona têm ereções freqüentes, inclusive as crianças recém-nascidas. Animais castrados também podem ter ereções.

Sem dúvida nenhuma, o homem que procura melhorar a sua ereção e função sexual vai ter excelentes resultados se desenvolver bons hábitos alimentares, evitar o excesso de álcool, não usar tabaco, praticar exercícios aeróbicos regulares e, principalmente, tentar se manter dentro do peso.

# 5

# *ORGASMO*

É um evento emotivo, subjetivo, intenso que corresponde ao momento de ejaculação no homem. É mentalmente percebido, mas definitivamente sabemos que a ejaculação é uma função física. Estão ambas intimamente relacionadas.

A palavra orgasmo normalmente é intercambiada com a palavra ejaculação. Mas o uso é equivocado porque, dificilmente, um pode acontecer sem a presença do outro. Um exemplo, é que um orgasmo normal após uma cirurgia de próstata, pode acontecer sem existir ejaculação. Ejaculação se refere à eliminação ou expulsão de sêmen. Orgasmo é o ápice, ou a culminação da excitação provocada pelo relacionamento sexual.

Os termos andropausa e virinopausa são normalmente utilizados hoje como sinônimo. Mas na literatura médica, a palavra andropausa é muito mais utilizada. A palavra virinopausa praticamente só se começou a utilizar nos idos de 1993, que vem do prefixo *vir*, que diria virilidade do latim e ou masculinidade. Em inglês *viri* significa que tem a naturalidade, as propriedades e as qualidades de um indivíduo adulto homem.

A origem da palavra andropausa é o grego *andro*, que estaria relacionada a homem, enquanto a palavra *androge* refere-se a qualquer substância que possui características masculinizantes.

Normalmente, existe uma tendência a utilizar a palavra andropausa e deficiência de testosterona como se tivessem o mesmo significado. Entretanto, a deficiência de testosterona é uma anormalidade física onde indicaria uma insuficiente quantidade do hormônio masculino, para suprir as necessidades do organismo.

A testosterona é necessária para o normal funcionamento do sistema neurológico e muscular. É necessário para retardar a desmineralização óssea e para manter principalmente a sexualidade e sensação de bem-estar.

Testosterona deficiente e andropausa são basicamente condições diferentes.

A deficiência de testosterona é uma condição física, a andropausa é uma condição psicológica, e é possível encontrar essas condições simultaneamente.

A deficiência de testosterona será muito melhor definida no futuro porque ultimamente tem sido estudada muito melhor. E a sua definição vai incluir níveis plasmáticos adequados, assim como os efeitos da deficiência na sua atividade mental e no organismo.

A deficiência de testosterona pode provocar, como veremos posteriormente, diferentes tipos de sintomas que podem levar à procura de ajuda especializada.

De 5% a 20% de todos os homens de todas as idades, podem ser beneficiados pela terapia de substituição por testosterona. Pelo contrário, a andropausa acontece entre 50% a 75% dos homens e muitos dessas causas podem passar desapercebidas, não diagnosticadas, não reconhecidas ou definitivamente não tratáveis.

As características entre as diferenças entre a deficiência de testosterona e andropausa, estão definidas na tabela nº 1, que passamos a descrever:

| Características | Andropausa | Deficiência de testosterona |
|---|---|---|
| *Básicas* | *Psicológicas* | *Físicas* |
| Data de início | 40 a 60 anos | 55 anos |
| Forma de início | Gradual | Extremamente gradual |
| Duração | 1 a 5 anos | Para a vida toda |
| Órgãos envolvidos | Cérebro | Testículos |
| Órgãos afetados | Cardiovascular | Músculos |
| | Neurológico | Ossos |
| | Digestivo | Genitais |
| | Genito-urinário | |
| Mudanças físicas | Psicossomáticas | Fraqueza muscular |
| | Desmineralização óssea | |
| Mudanças psicológicas | Disforia | Apatia |
| | Ansiedade | Libido reduzida |
| Diagnóstico | Tem que se eliminar as anormalidades físicas | Exame de sangue ou de saliva |
| Tratamento | Tratamento de apoio e de psicoterapia | Restabelecimento dos níveis de testosterona |
| Tratamento de apoio | Mudanças de hábitos de vida | Apoio psicológico |
| Prognóstico | Bom | Excelente com tratamento |
| Ajuda a longo prazo | Só se necessário | Tem que ser monitorizada pelo médico |

# *6*

# *FUNÇÃO SEXUAL MASCULINA*

A ereção inclui uma série de processos complexos.

O pênis tem 3 tubos separados, que são necessários para manter o fluxo sangüíneo arterial durante a ereção (ver fig. 4). Fantasias eróticas ou estímulos sensoriais como tocar, o cheiro ou os zunidos podem mandar um estímulo ao cérebro, que manda estímulos até a coluna e daí até os nervos penianos. Esse impulso vai provocar um relaxamento de 2 cilindros eréteis denominados de corpos cavernosos.

Essas artérias têm uns espaços denominados sinusóides. Todos eles são relaxados através da liberação do mensageiro primário, denominado óxido nítrico.

O pênis está formado por 3 cilindros elétricos e um par esponjoso denominado corpos cavernosos. Ocupam a região central e praticamente 70% de sua extensão. Existe um corpo esponjoso localizado na junção dos 2 corpos cavernosos. Esse tubo rodeia a uretra e forma a parte do que é denominada cabeça do pênis. Rodeando o corpo cavernoso, existe a tônica albugínia, que é uma camada de colágeno que dá ao pênis a sua flexibilidade, rigidez e a dureza tecidual.

A circulação do pênis depende da presença da artéria pudenda interna direita e esquerda, que vai dar um ramo, a artéria dorsal, que supre de sangue a pele e a glândula peniana.

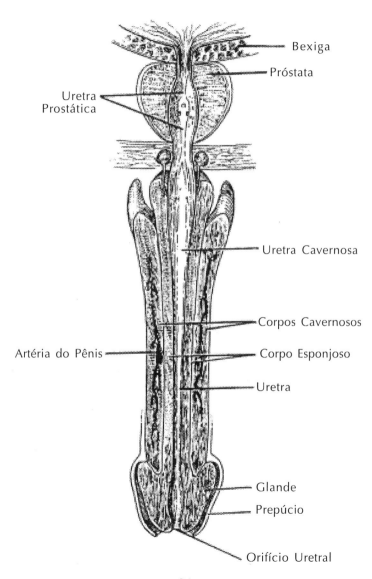

O ramo bulbo-uretral supre o corpo esponjoso, a principal ao corpo cavernoso.

## 6.1. Neurofisiologia da Ereção Peniana

Existe uma participação do sistema autonômico que está formado por um sistema parassimpático e um simpático.

O parassimpático se origina a nível da coluna do sacro, o simpático se origina a nível da coluna torácica 11 e 12.

O sistema parassimpático provoca a ereção, o sistema simpático provoca o descanso ou o relaxamento peniano.

O fluxo sangüíneo no pênis é controlado por 3 neurotransmissores: as fibras neurológicas andrenérgicas, as colinérgicas e as fibras não andrenérgicas, não colinérgicas que são as que liberam o óxido nítrico.

*Três são as fases da ereção:*

1. Fase flácida: definida pela atividade da musculatura lisa travecular no corpo cavernoso que é contraído e o fluxo sangüíneo é mínimo.

Entretanto, o fluxo de saída venosa é rápida. A pressão no espaço intracorporal é de 4 a 6 ml de mercúrio. Na fase inicial de enchimento; existe um estímulo parasimpático que relaxa a musculatura lisa das artérias do pênis e provoca um rápido enchimento.

2. Fase de tumescência: é nessa fase que aumenta a pressão principalmente nos corpos cavernosos.

3. Fase de ereção cheia: é nessa fase que a musculatura lisa trabecular está totalmente relaxada, o corpo cavernoso está cheio e o fluxo arterial é agora mínimo.

O pênis está rígido e a pressão intracorporal é de aproximadamente 100 mm de mercúrio.

A. Fase de ereção rígida: pode, temporariamente, aumentar a pressão intracorporal acima de 100 mm de mercúrio, devido a uma contração dos músculos do solo das peles fora do pênis e o ingresso de sangue nesse momento, praticamente é zero.

B. Fase de detumescência: por estimulação adre-nérgica do sistema simpático provoca contração da musculatura lisa trabecular, é restabelecida uma rápida saída do fluxo venoso e o pênis retorna ao seu estado flácido.

## 6.2. Causas de Disfunção Erétil

1. Anormalidades dos vasos sangüíneos, entre os quais os mais importantes são: os bloqueios parciais ou totais das artérias que irrigam o pênis, associados a importantes fatores de riscos como o fumo, a diabetes, a hipertensão, níveis elevados de colesterol e de triglicérides, a outros fatores de risco como a diminuição do fluxo arterial, provocada por traumas ou por radiação térmica.

Em alguns casos, pode existir além do componente arterial, um comprometimento neurológico, como acontece nos pacientes diabéticos que têm impotência secundária; tanto a alteração de perda de bainha de mielina no sistema de suplementação neurológica, assim como processos obstrutivos no sistema vascular.

Nos pacientes com níveis elevados de ácidos graxos, principalmente colesterol, têm demonstrado uma importância na relação com o processo de arteriosclerose.

Existe uma doença em particular, denominada doença de Peyronie, que é a formação de uma cicatrização não elástica na superfície da túnica albugínea, resultando numa inadequada compressão das veias debaixo da superfície tunical e provocando um desvio do ângulo do pênis para a direita, para a esquerda, para baixo e para cima.

Problemas neurogênicos associados a problemas neurovasculares, como as doenças por traumas, que afetam o cérebro, a medula espinhal, a área que supre a atividade peniana neurológica, nos receptores das pequenas artérias ou no tecido muscular liso das cavidades cavernosas.

Alcoolismo é um dos fatores associados mais importantes, por comprometer os neurotransmissores dos nervos penianos, assim como provocar uma corrosão dos mesmos.

Fatores endocrinológicos, sem dúvida nenhuma, acontecem associados principalmente à diabetes.

Dos pacientes com diabetes crônicas, 30% a 70% podem sofrer disfunções eréteis, seja por alteração neurológica ou alteração vascular.

A segunda atividade associada a fatores endocrinológicos é o hipotestosteronismo, níveis baixos de testosterona, que podem acontecer por vários fatores, inclusive por situações de *stress*.

O terceiro fator é a hiperprolactenemia, aumento dos níveis de prolactina, que podem inclusive acontecer por tumores benignos na pituitária.

Os níveis altos de prolactina se associam a níveis baixos circulante de testosterona.

Cirurgias prévias, uma das mais importantes associadas principalmente com disfunções eréteis, são as cirurgias prostáticas, que podem comprometer a capacidade sexual do indivíduo.

Drogas, já citadas anteriormente.

Trauma pélvico.

Radiação a nível peniano.

Doença de Peyronie.

Doenças crônicas, como a insuficiência renal crônica.

Os pacientes que são portadores de problemas pulmonares crônicos como enfisema e doença pulmonar crônica obstrutiva, em fumantes crônicos, que podem vir associados a problemas vasculares, em anorexia nervosa, em doenças que comprometem a atividade de eletrolítros ou provocam deficiência de líquidos.

Disfunção erétil e fisiológica. Homens com menos de 35 anos de idade normalmente têm um predomínio psicológico na disfunção erétil.

A causa provavelmente mais importante talvez seja a inibição direta da ereção provocada na medula espinhal por atividade de uma hiperestimulação cerebral e a segunda causa, provavelmente, seja um estímulo simpático com aumento de níveis de catecolamina periférica, que aumenta a atividade e a tonicidade da musculatura lisa, inibindo o relaxamento necessário para provocar a ereção.

Em geral, os pacientes que têm alterações eréteis por problemas fisiológicos respondem às injeções de drogas vasoativas. As causas mais comuns de comprometimento fisiológico são:

1. O sentimento de masculinidade;
2. *Stress*;
3. Disfunção erétil;
4. Após um período de conviver juntos e casar-se;
5. Gravidez;
6. Problemas no casamento;
7. Exigências, principalmente do sexo feminino;
8. Relacionamento extraconjugais;
9. Morte ou divórcio.

### 6.3. Testes para Identificar Disfunção Erétil

1. Teste da intumescência peniana noturna:

Existem ereções relacionadas com sono, principalmente na fase REM, fase de movimentos rápidos dos olhos.

Esse teste consiste em colocar um velcro a nível da região peniana, controlar durante a fase do sono, principalmente para determinar se existe ou não uma ereção;

2. Estudos laboratoriais do sono;

3. Outros testes, principalmente aqueles relacionados com doppler ultrassonográfico, cavernosometria e cavernosografia.

O mais importante, sem dúvida nenhuma, é um adequado histórico clínico dos pacientes para poder determinar se não existem outros fatores associados que possam estar definindo a disfunção sexual.

## 6.4. Tratamento com Drogas Vasoativas

Virax, em 1970, foi um dos primeiros que provocou ereção induzida por injeção de papaverina no pênis. Foi um fenômeno que explodiu principalmente nos Estados Unidos nos idos do início da década de 80 (fig. 5).

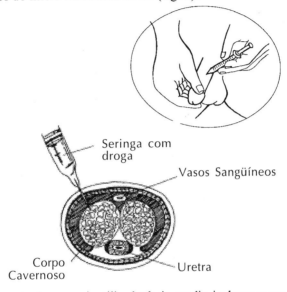

As drogas mais utilizadas hoje em dia, incluem as seguintes:
1. Papaverina: é derivado do ópio, sua ação molecular está relacionada aos efeitos inibitórios em cima da enzima fosfodiesterase, determinando um aumento dos níveis de AMP e GMP no tecido erétil peniano, que bloqueiam os canais de cálcio e subseqüentemente, aumentam o refluxo de cálcio nas células, promovendo um relaxamento da musculatura lisa peniana das artérias e das sinusóides.

Estimula o preenchimento arterial peniano, provocando uma ereção.

Vários estudos têm informado que a papaverina, por si só, pode provocar uma ereção total em 35 a 60% dos homens estudados.

Entre os efeitos colaterais mais importantes, incluemse: o priaprismo, que é uma ereção por período muito longo e nesse caso, normalmente tem que ser feito a retirada do excesso de papaverina de dentro do organismo peniano.

Essa ereção prolongada pode provocar uma fibrose intracorporal e provocar mais disfunções eréteis.

2. Combinação de papaverina-fentolamina: a fentolamina ou reginitina tem sido utilizada mais em forma inecfectiva na produção da ereção. Mas em 1985 foi reportado que a combinação de papaverina com fentolamina, provocava uma efetiva resposta em 72% dos pacientes; com uma incidência de priaprismo em menos de 2% dos casos estudados e o desenvolvimento de fibroses em menos de 5% dos pacientes que utilizaram essa combinação.

3. Prostaglandina-alprostadil: é uma forma sintética de uma substância produzida no organismo através dos ácidos graxos poliinsaturados, que provoca relaxamento da musculatura lisa e vasodilatação.

Havia sido utilizada como tratamento para doenças vasculares periféricas, antes de ser utilizada como uma terapia injetável para insuficiência peniana.

A droga é quase totalmente metabolizada dentro do tecido intracavernoso.

Não têm sido observadas modificações nos níveis plasmáticos periféricos e, na maior parte dos pacientes com disfunções veno-oclusivas, o alprostadil pode aumentar até 10 vezes seus níveis basais e 90% da droga é metabolizada na sua primeira passagem através dos pulmões.

Vários tipos de formulações de alprostadil existem.

Existe a forma injetável, em forma de pó, denominada caverjet, que foi a primeira droga aprovada pela FDA para tratamento de disfunção erétil.

Vários estudos indicam que é apenas um pouco mais efetiva que a papaverina sozinha, mas que pode ter o mesmo tipo de efetividade que a combinação de papaverina e regitina.

Oitenta por cento (80%) dos pacientes têm dor durante a injeção no local e 2% podem ter problemas com ereção prolongada ou priaprismo. Um dos problemas mais importantes é que o custo é muito elevado.

4. Combinação de papaverina, fentolamina e alprostadil: Bennet, em 1991, introduziu a idéia de combinação dessas três drogas. Cada uma dessas drogas têm mecanismos diferentes e ele pensava que a combinação de pequenas doses de cada uma delas, poderia ser mais efetivo com menor presença de efeitos colaterais. 89% dos pacientes tiveram uma ereção satisfatória.

Em um período de acompanhamento mais longo, de 28 meses, 65% desses pacientes continuaram com esse tipo de tratamento, tendo 89% deles uma satisfação adequada.

Não foram reportado fibroses e a presença de uma ereção prolongada ou priapismo acontecia aproximadamente em 5% dos pacientes.

5. Supositórios uretrais com drogas vasoativas: consiste na utilização de alprostadil; há 50% de margem de sucesso, as doses são bastante altas, de 500 a 1000 mcg. É denominado hoje como musse.

O tratamento é caro, a eficácia é ainda não totalmente satisfatória.

### 6.5. Aparelhos que Estimulam a Ereção

O mais utilizado é um aparelho de vácuo, que é um cilindro plástico que é colocado em cima do pênis. Esse cilindro é conectado ao sistema que provoca vácuo, que pode ser manual ou com baterias; provocando um enchimento de fluxo devido a pressão negativa. É colocado um anel peniano na base, para evitar a fuga venosa e dessa maneira manter a ereção.

Para diminuir a lesão ao pênis, o anel peniano não deve ser colocado por um período maior de 30 minutos. Não está descartada a possibilidade de eventuais efeitos colaterais, a sua margem de sucesso também não é relativamente alta.

## 6.6. Cirurgia Vascular para Disfunções Eréteis

Consiste na revascularização através de diferentes tipos de estudos, principalmente da ultrassonografia com doppler, a cavernosometria, a cavernografia, que devem mostrar disfunção arterial ou venosa. O efeito a longo prazo pode atingir 50 a 60% dos pacientes.

Critérios para cirurgia em alterações oclusivas venosas, que são as que vão provocar principalmente a fuga venosa: apesar da oclusão venosa ser um fenômeno importante na ereção normal, não existe consenso de que a cirurgia da oclusão venosa seja uma terapia razoável.

## 6.7. Implantes

Próteses penianas são um fenômeno que existe há muito tempo e que começou a adquirir mais importância nas décadas de 40 e 50 e hoje nos casos insolúveis é praticamente considerada como uma solução para esse tipo de situação (fig.6).

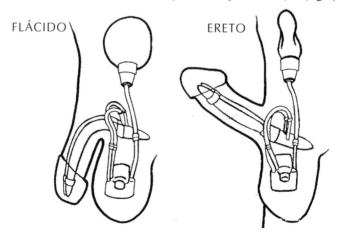

A maior parte dos estudos indica que existe uma margem de sucesso entre 80% a 97% e um risco maior de infecção podendo acontecer em aproximadamente 2% dos pacientes. Existem diferentes tipos de próteses, como as semi-rígidas e as infláveis, que podem ser controladas pelo próprio paciente.

A decisão da utilização da prótese vai depender principalmente de uma adequada combinação entre o médico e o paciente.

## 6.8. Viagra

Denominado também de sildanafil, que é o componente químico.

É um dos produtos que mais tem chamado a atenção, principalmente através da imprensa oral e escrita.

Não é considerado um afrodisíaco e também não tem atividade hormonal.

Não influencia o desejo sexual, aumenta os mecanismos do fluxo sangüíneo, provocando a ereção peniana principalmente quando o indivíduo que o toma está sexualmente estimulado.

A liberação do óxido nítrico no corpo cavernoso, acontece durante a estimulação sexual.

Esse óxido nítrico ativa uma enzima chamada guanilato ciclase, que resulta num aumento dos níveis do monofosfato cíclico de guanosina.

Esse último induz o relaxamento da musculatura lisa no corpo cavernoso, permitindo um influxo de sangue nos espaços vasculares do corpo cavernoso.

O Viagra aumenta os efeitos de óxido nítrico por inibir a enzima fosfodiesterasa, que é responsável pela degradação do monosfosfato cíclico de guanosina, ou GMP no corpo cavernoso.

Com estímulo sexual existe uma liberação de óxido nítrico e num paciente que toma Viagra, a inibição da fosfodiesterase causa um aumento dos níveis de GPM no corpo cavernoso, resultando no relaxamento da musculatura lisa do tecido erétil e aumento de fluxo sangüíneo no corpo cavernoso.

O Viagra não tem efeito na ausência de estímulo sexual.

O Viagra é rapidamente absorvido quando é tomado por via oral. Vários estudos têm demonstrado que sua concentração plasmática é atingida entre 30 a 120 minutos, com uma média de aproximadamente 60 minutos.

Novamente, é importante citar que a vantagem dessa pílula só acontece porque trabalha naturalmente e requer uma estimulação. Se não existe estimulação, não existe ereção.

Os efeitos benéficos podem ser observados, segundo alguns pesquisadores, até 8 horas após tomar o comprimido. Por outro lado, a maior parte de sua eficácia é atingida dentro das primeiras 4 horas. Portanto, o comprimido deve ser tomado 1 a 2 horas antes de realizar-se a relação sexual.

A eficiência de sua absorção é reduzida se o paciente tomá-lo com uma alimentação muito rica em gorduras.

Os efeitos colaterais mais importantes relacionados com o Viagra, são considerados moderados. Quando foi tomado nas doses necessárias, ocorreram:

- dor de cabeça em 16% dos pacientes;
- ondas de calor em 10%;
- indigestão em 7%;
- coriza em 7%;
- alterações visuais transitórias em 3%;
- infecções do trato urinário em 3%;
- diarréia em 3%;
- mareos em 2% e
- urticária em 2%.

Outros efeitos colaterais, ocorrem em uma incidência menor a 2%, mas foram igualmente comuns no grupo placebo, como infecções do trato respiratório, dores lombares, síndromes parecidas com influenza e dores articulares.

Quando o Viagra foi tomado em doses acima de 100 mlg, a indigestão aumentou 17% e as alterações visuais em 11%.

Não existem contra-indicações absolutas para o uso do Viagra, exceto no uso de nitratos.

Os nitratos são drogas normalmente utilizadas no tratamento de pacientes com insuficiência coronariana. Os nitratos também estão associados com o aumento da liberação do óxido nítrico, nesses casos quando não são adequadamente absorvidos, podem converter-se numa substância denominada de peroxinitrato, que pode provocar constrição de artérias, no caso, principalmente, das artérias coronarianas, onde pode existir previamente uma placa de gordura, provocando uma compressão nessa artéria. Se durar um tempo suficientemente prolongado, poderá provocar lesões isquêmicas que podem ser severas no coração, dependendo do tempo de duração podem evoluir para infartos ou eventualmente a morte. Portanto, a contra-indicação mais importante, relacionada ao uso de Viagra é para pacientes coronarianos, que façam uso simultâneo de drogas que contêm nitrato.

Em junho de 1998, a FDA recebeu um resultado de 16 mortes por uso de Viagra. Apesar disso, nenhuma dessas mortes foi diretamente ligada ao uso de viagra isoladamente.

Os primeiros estudos realizados na Inglaterra e nos Estados Unidos, reportaram um sucesso de eficácia do Viagra no tratamento da disfunção erétil entre 83 a 92%. A maior parte dos estudos foi realizada com doses de 10, 25 e 50 mlg, e as doses atingidas foram de 65, 79 e 89% respectivamente.

# *7*

# *DROGAS QUE AFETAM A FUNÇÃO SEXUAL*

A normalidade no funcionamento sexual, pode acontecer como efeito colateral com o uso prolongado de drogas ou de medicamentos. Isso acontece, principalmente, por drogas que atuam no sistema nervoso central, no sistema vascular ou interferem na produção hormonal.

Algumas drogas ilegais como a maconha e a heroína diminuem os níveis plasmáticos de testosterona. Vários outros tipos de drogas, que podem ser compradas sem a necessidade de receitas, podem diminuir a libido. Outros podem bloquear a transmissão das mensagens neurológicas e interferir com a função erétil.

Uma das drogas mais utilizadas até pouco tempo atrás no tratamento das úlceras e da gastrite, como a Cimetidina e outras similares, que produzem bloqueio dos receptores H2, têm efeito antiandrogênico.

Aproximadamente metade dos pacientes que tomava a Cimetidina tinha disfunção sexual; provocava impotência e aumentava o tamanho dos seios (ginecomastia em homens).

A Flutamida é um inibidor da enzima 5-alfa redutase, que é prescrita para o controle dos pacientes com hiperplasia prostática benigna. Tem alguns efeitos interessantes: aumenta os níveis de testosterona, mas está associado com uma diminuição da libido e impotência, porque bloqueia o acesso da testosterona à célula alvo, assim como a conversão da testosterona na sua forma ativa denominada de 5 alfa dihidroxitestosterona.

36% de incidência da disfunção erétil está relacionada ao uso de diuréticos que são, normalmente, utilizados para controlar pacientes com níveis elevados de pressão ou pacientes com retenções hídricas.

Os bloqueadores Beta-andrenérgicos, chamados comumente de Beta-bloqueadores, são utilizados para hipertensão e outras patologias cardiovasculares, principalmente como o antiarritímicos e antianginosos. As pesquisas mais recentes indicam que os Beta-bloqueadores são, provavelmente, as drogas mais importantes para reduzir as chances de um segundo infarto de miocárdio; mas esse tipo de droga tem efeitos colaterais importantes por interferir com a libido e a função erétil.

Calcula-se que a disfunção erétil, por trabalhos realizados, seria 13,8% maior em indivíduos que usam os Beta-bloqueadores, comparados com indivíduos que utilizam placebos.

Os médicos, normalmente, estão se confrontando com o dilema, de ter um paciente tomando uma droga para uma condição particular mas tem uma disfunção sexual produzida pela mesma droga. Se o médico está tratando tanto a condição cardíaca como a disfunção sexual, ele pode discutir esse fato com o paciente, dar a adequada informação e permitir a ele tomar a decisão. Pode tentar utilizar drogas menos lesivas à esfera sexual como tratamento para a condição cardíaca.

Algumas drogas, como os inibidores de ECA, que são usadas para hipertensão, não contribuem na disfunção erétil e podem ser utilizadas por uma boa parte da população sem a necessidade de ter os mesmos efeitos benéficos eventuais associados aos Beta-bloqueadores.

Entre as drogas conhecidas que comprometem a disfunção erétil, nós temos a Benzo-bendro-flumetazina, Clortalidona, Clorotiazida e Hidroclorotiazcida; que comprometem tanto a libido quanto a disfunção erétil: Acebutolo, Atenolol, Labetolol, Metroprolol, Nadolol, Pindolol, Propanolol, Sotalol e Trinolol.

Drogas anti-hipertensivas, bloqueadoras dos canais de cálcio que diminuem a função erétil: Amlodipina, Nicordipina, Nifedipina e Verapamilo, diminuindo a libido, associadas ou independentes, como a Fenodipina .

Outros tipos de anti-hipertensivos que diminuem a função erétil: Clonidina, Doxasozin, Lobetalol, Metildopa, Prazosin, Reserpina, Terazosin.

Hormônios que inibem tanto a libido quanto a função erétil: Estrogênio e inibidores de enzima 5-alfa redutase.

Drogas utilizadas para tratamento de alterações gastrointestinais que comprometem a função erétil: Anticolinérgicos e antagonistas dos receptores H2.

Narcóticos que comprometem a função erétil: Cocaína, Maconha, Heroína, Metadona, que também compromete a libido, e a Morfina.

Sedativos que comprometem a função erétil e a libido: Álcool e Benzo-diazipinos, e os que só comprometem a função erétil: Barbitúricos e Fenotiazinas.

Estimulantes podem agir ao ponto de comprometer a libido e drogas que controlam o apetite também podem ter como efeito colateral o comprometimento da função erétil.

É importante em algumas condições, como indivíduos que consomem excessivamente álcool, recomendar evitar seu uso ou reduzi-lo à doses sociais.

Algumas drogas que são utilizadas no tratamento de gastrite, como a Cimetidina, podem ser substituídas por drogas alternativas que sejam tão boas ou eficientes no controle dessa condição.

Definitivamente, é importante associar a perda de libido ou a súbita aparição de impotência ao uso de certos medicamentos, porém é importante conversar com o médico que os administrou, para fazer uma prudente modificação de modo a controlar a doença de base, sem comprometer a qualidade de vida nas atividades sexuais.

# *8*

# *A TESTOSTERONA*

A testosterona foi isolada de testículos de bois em 1935. Dois anos mais tarde, foi introduzida como tratamento, principalmente para pacientes que apresentavam alterações de potência ou de libido.

A testosterona é produzida a partir do colesterol, através de 4 enzimas esteroidogênicas, enzimas chamadas de: 5-alfa redutase, 1 enzima aromatase e 2 enzimas que são receptoras para andrógenos e para o estradiol.

A produção de testosterona por dia varia de 2,5 até 10 mg, porém a dose média de sua produção é aproximadamente 7 mlg por dia.

A testosterona não tem uma produção igualitária durante as 24 horas por dia. A maior quantidade de testosterona é produzida, principalmente, na parte da manhã, podendo atingir apenas 25% da concentração matinal nos horários da parte final do dia. É irônico, mas baseado nas concentrações de testosterno plasmático circulante, que o certo seria manter relações durante a manhã ou pelo menos até o meio-dia, quando os níveis de testosterona estão mais altos, e não como é costumeiro, à noite, onde os níveis estão mais baixos .

Noventa e oito por cento (98%) da testosterona que se encontra circulando, está ligada a algum tipo de proteína, tipo albumina ou globulina e apenas 2% da circulante é totalmente livre e somente a testosterona livre é aquela que é biologicamente ativa (fig. 7).

## TESTOSTERONA LIVRE X TESTOSTERONA LIGADA

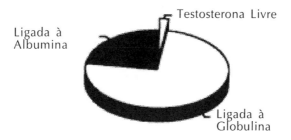

Os níveis normais de testosterona plasmática variam de 250 até 1000 mlg/por 10 litros. As concentrações de testosterona livre variam de 4 a 10 mlg/por 10 litros. De todas as maneiras, fica evidente que a testosterona circulante existe em quantidades extremamente mínimas, o que nos mostra como é espetacular a capacidade de pequenas quantidades de testosterona circulante poderem modificar a sexualidade humana.

A testosterona é rapidamente desdobrada dentro do organismo. Sua vida média dentro do organismo é apenas de 10 a 20 minutos. O que mostra que, a metade de quase toda a testosterona que existe dentro do organismo é destruída pelo fígado, cada 10 a 20 minutos. A testosterona é convertida, em outras substâncias químicas, no fígado como a androstenodiana, que são as formas como vão ser excretadas na urina.

A testosterona é sintetizada através de estímulos, que vão pulsionar partindo do sistema nervoso central. Assim sendo, sabemos que seu início acontece a nível do hipotálamo anterior, donde através de 2 hormônios denominados FSH e LH, vamos ter atividades que vão terminar na síntese da testosterona.

O FSH, chamado também folículo estimulante, vai agir através das células de Sertoli, aumentando os mecanismos de espermatogêneses, ou maturação dos espermatozóides, enquanto

Pregnenolona

17α-Hidroxi-
pregnenolona

DHEA

Androstenediol

Progesterona

17a-Hidroxi-
progesterona

Androstenediona

Testosterona

11-Deoxi-
corticoesterona

11-Deoxicortisol

Estrona

Estradiol

Corticoesterona

Cortisol

Estriol

18-Hidro-
corticosterona

Aldosterona

as células luteinizantes, o LH, funcionam através das células de Leydig, que são as que vão dar lugar a formação de testosterona.

Noventa e cinco por cento (95%) da testosterona é produzida nos testículos; os 5% restantes são produzidos nas glândulas supra-renais. Os testículos também produzem uma pequena quantidade de um andrógeno fraco denominado de dihidroepiandrosterona, popularmente denominado como DHEA.

A testosterona é produzida no organismo a partir do colesterol, fenômeno que acontece em 5 fases, como podemos ver na figura da página ao lado (fig. 8).

O colesterol vai dar lugar à formação da pregnenolona, que por sua vez vai se hidroxilar e dar lugar à formação da 17-alfa hidroxiprognonelona, que vai dar lugar à formação da dihidroepiandrosterona, aí vai se formar o androestenodiol, que finalmente vai dar lugar à formação da testosterona. Esse mesmo pregnenolona, vai dar lugar à formação da progesterona e do cortisol e via testosterona, vai dar lugar à formação dos estrogênios, principalmente o estradiol e via Hidroxiprogesterona, vai dar lugar à formação da estrona; a estrona pode dar lugar à formação do estradiol, assim como o estradiol pode dar lugar à formação da estrona.

O homem não pode modificar a produção de testosterona por manipulação da dieta.

A testosterona, assim como outros hormônios sexuais masculinos e femininos, contém átomos de carbono, hidrogênio e oxigênio. É o número desses átomos e a forma como eles se acomodam dentro das moléculas que determina a sua ação.

No caso da testosterona e do estrogênio, só pequenas variações nas suas estruturas químicas, as que provocam as características físicas, que vão determinar se o sexo é masculino ou feminino.

Essas pequenas variações provocam profundas diferenças, entre elas: aumenta o crescimento do pêlo da barba, outras provocam um aumento do tamanho das mamas.

A testosterona vai se converter na sua forma ativa, chamada 5-alfa-dihidroxitestosterona, DHTA, através de uma enzima denominada 5-alfa redutase.

A 5-alfa redutase é uma enzima abundantemente distribuída na próstata, na pele e nos tecidos de reprodução. A 5-alfa-dihidroxitestosterona é considerada o andrógeno mais potente que existe e praticamente como a forma mais ativa da testosterona.

A testosterona também vira estradiol através da enzima aromatase e essa enzima se encontra abundantemente distribuída principalmente no tecido adiposo, no fígado e no sistema nervoso central.

A síntese química dos andrógenos e estrógenos está descrita na figura n° 8.

A testosterona tem como função mais importante iniciar as funções reprodutivas e o desenvolvimento das características secundárias sexuais masculinas. Influencia no crescimento em geral, no desenvolvimento do organismo e nos mecanismos de conduta. Regula a definição sexual e a potência no homem, mas não determina se ele vai ser heterossexual ou homossexual.

Os níveis de testosterona (fig. 9) são relativamente elevados durante os 3 períodos do ciclo de vida do homem. E no primeiro ciclo durante o desenvolvimento fetal, particularmente entre a oitava e a décima quarta semana de gestação, quando vai acontecer a diferenciação sexual.

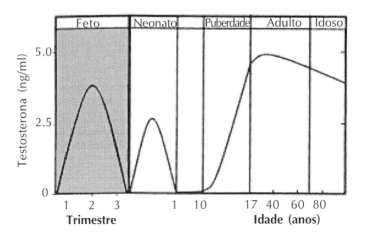

Este fator é determinante para definir se o feto vai se converter em homem ou em mulher. Se existe quantidade suficiente de testosterona nesse período de tempo, o crescimento dos órgãos genitais vai determinar a formação do conduto deferente do epidídimo e das vesículas seminais.

Se não existe suficiente testosterona, o feto vai continuar ininterruptamente seu desenvolvimento como uma mulher biologicamente ativa. Os primeiros meses após o nascimento, é a segunda fase onde os níveis de testosterona são relativamente altos.

As pesquisas ainda não conseguem entender o porquê desses níveis elevados de testosterona nessa fase de crescimento. E a última e terceira fase, em que os níveis de testosterona são elevados, ocorre durante a fase da vida sexual adulta, que se inicia mais ou menos durante a puberdade. Os níveis de testosterona são baixos nos anos da pré-puberdade, menos de 20 mlg/por dl e daí subitamente na fase adulta, atingido de 300 a 1000 mlg/por dl.

O hormônio masculino dihidroepiandrosterona, funciona como um precursor da produção de testosterona em homens. Precursor é toda substância da qual outra substância é sintetizada. Esse hormônio ocorre durante a síntese de testosterona via colesterol.

O organismo, normalmente, produz muito mais DHEA do que testosterona. Como o DHA é um hidrogênio fraco, é utilizado para aumentar os níveis de testosterona no organismo.

Porém, sem a utilização do sulfato de DHEA, que é uma substância muito mais estável no organismo e tem uma vida média mais longa, a formação de testosterona é muito mais adequada dessa maneira.

Pequenas quantidades de DHEA são também produzidas nos testículos do homem e nos ovários das mulheres; mais ou menos 10% do sulfato de DHEA é produzido pelos testículos.

DHEA e sulfato de DHEA têm efeitos masculinizantes muitos fracos. Se as glândulas andrenais têm problemas de mal funcionamento, esses dois hormônios podem produzir efeitos androgênicos, como excessivo crescimento de cabelo e a masculinização das mulheres, mas com muito menor efeito que com uso de testosterona.

As concentrações plasmáticas de DHEA e sulfato de DHEA, após os 20 anos de idade, decrescem progressivamente com a idade, atingindo 25% de sua concentração em indivíduos com mais de 75 anos de idade.

Estrógeno e estradiol são considerados hormônios sexuais femininos, mas também são partes da síntese química da testosterona. Ambos podem ser produzidos nos testículos e nos tecidos periféricos, principalmente, em músculos e em gorduras. A progesterona é usualmente considerada um hormônio sexual feminino, mas também é produzida pelos homens. Afeta outros órgãos e tecidos por produzir câmbios no metabolismo de carboidratos, proteínas e lipídios.

Devido a ser menos feminizante que os efeitos estrogênicos, é considerada como um fraco agente androgênico.

É importante saber também diferenciar, aquilo que acontece dentro da andropausa e da menopausa e as diferenças que vamos encontrar em ambas circunstâncias por deficiência, seja de testosterona ou de estrogênio. É isso que nós vemos na tabela n° 2, intitulada "Deficiências sexuais hormonais masculinas e femininas", que se encontra no verso desta página.

## 8.1. Propriedades dos Andrógenos

As propriedades mais importantes dos andrógenos e da testosterona, em particular, em se tratando de homens, estão vinculadas, principalmente, a vários fatores:

Estimulam a diferenciação pré-natal, como já foi explicado anteriormente; quando existe uma adequada produção de testosterona da passagem do embrião para o feto, vai existir a diferenciação dos órgãos sexuais, predominando os órgão sexuais masculinos.

| Deficiências sexuais hormonais masculinas e femininas | | |
| --- | --- | --- |
| *Características* | *Homens* | *Mulheres* |
| Data de início | 55 anos | 45 a 55 anos de idade |
| Duração do declínio | O restante da vida | De 5 a 10 anos |
| Natureza do declínio | Bastante gradual | Abrupto |
| Glândulas primárias comprometidas | Testículos | Ovários |
| Glândulas de Controle | Pituitária | Pituitária |
| Órgão ou tecidos afetados | Músculos | Bexiga |
| | Ossos | Vagina |
| | Genitais | Vasos sangüíneos |
| | | Coração |
| Efeitos na reprodução | Variáveis | Esterilidade |
| Testes de diagnósticos | Exame físico | Testes laboratoriais: |
| | Níveis de testosterona | FSH, LH, Estradiol e |
| | | Progesterona |
| Danos físicos | Fraqueza muscular | Atrofia das paredes vaginais, |
| | Definição sexual | ondas de calor, parestesias, |
| | | taquicardia, etc. |
| Mudanças psicológicas | Apatia | Ansiedade ou |
| | Redução da libido | depressão |
| Tratamento | Testosterona | Estrogênio, |
| | | Progesterona, DHEA |
| Tratamento complementares | Equilibrar a saúde física e utilizar hábitos saudáveis | idem |
| Duração do Tratamento de suplementação | Pode ser o resto da vida | A dose vai ser adequada a cada caso |

Os andrógenos mantêm a redução, mantêm a diferenciação e, principalmente, a manutenção e preservação dos tecidos de reprodução, principalmente em adultos. A testosterona tem várias propriedades anabólicas, entre as quais podemos citar que aumenta a retenção de nitrogênio e, portanto, pode ser um fator que aumenta a massa muscular; em segundo lugar pode provocar a diminuição do tecido gorduroso e em terceiro, pode ter uma atividade de manutenção do tecido ósseo, principalmente via estrogênica através da ativação da enzima aromatase.

É importante, já que foi citado essas atividades anabólicas, indicar que isso também pode acontecer, quando existe suplementação de outros tipos de hormônios, principalmente, o hormônio de crescimento, como veremos no final do presente livro.

Em termos práticos, tem se utilizado várias definições para estabelecer as deficiências hormonais dentro do organismo.

Assim a deficiência de testosterona tem sido denominada como andropausa ou virinopausa. A deficiência de DHEA, por ser mais produzida nas glândulas supra-renais, tem sido denominado andrenopausa. A deficiência do hormônio de crescimento tem sido denominada somatopausa e a deficiência dos hormônios estrogênio e progesterona é definida como menopausa.

A deficiência da testosterona em homens está associada a características próprias, e quando estas são identificadas, é extremamente importante fazer uma dosificação de testosterona. Em relação:

1. Diminuição da massa muscular;
2. Aumento de depósitos gordurosos;
3. Diminuição de cabelos e pêlos;
4. Diminuição da libido e da função sexual;
5. Não é regra, mas pode acontecer a osteopenia, inclusive a osteoporose, que representa a perda de massa óssea, que finalmente pode vir associada a fraturas ósseas conseqüentes dessa perda das estruturas teciduais ósseas.

Também devem ser enfocados problemas de ejaculação, alterações no sono, depressão, arteriosclerose e doenças cardiovasculares, alterações prostáticas, fraqueza muscular, síndrome de fadiga crônica, irritabilidade, pele com aspecto sem vida e inelástico, cicatrização lentificada, alterações na concentração e lapso de memória e, principalmente, nos casos que exista redução dos níveis de testosterona.

Cirurgias da coluna ou da região medular e várias doenças degenerativas crônicas dos nervos: úlceras pépticas, artrites, alergias e baixos níveis de HDL que é denominado também como bom colesterol.

Os fatores psicogênicos como a ansiedade e problemas de relacionamento são extremamente importantes e podem interagir com outros fatores para reduzir a libido, podendo afetar adversamente a função erétil e a ejaculação.

## 8.2 Avaliação Laboratorial da Testosterona

Os níveis de testosterona plasmática são um bom indicador quando utilizados principalmente nas medições de testosterona livre, que são os níveis biologicamente ativos. Porém, podem ser também utilizados como um fator de medição da concentração total da testosterona.

É importante relembrar que a testosterona é produzida marcando um ritmo circadiano, tendo uma maior produção na parte da manhã e tendo um declínio de sua produção durante o resto do dia.

Dessa maneira é importante saber os níveis adequados de testosterona medidos dentro do ritmo circadiano. Foi a partir desse conceito que nasceu a idéia de medir os níveis de testosterona na saliva, por ser um material muito fácil de ser colhido e ser representativo dos níveis de testosterona circulantes no organismo.

Tanto a testosterona no sangue quanto na saliva devem ser colhidas de preferência em duas amostras, de manhã e à tarde, para medir o ritmo circadiano; no sangue é muito mais específico medir os níveis de testosterona livre que a total, já que somente a primeira é ativa e a segunda circula ligada a proteínas e somente terá atividade quando estiver liberada.

A testosterona medida na saliva representa apenas 10% da testosterona que existe dentro do organismo; 90% dela é totalmente livre e ativa, de modo que sua medição seria muito específica na obtenção da quantidade hormonal existente dentro do organismo.

## 8.3. Evidências Médicas da Suplementação com Testosterona

Esse fenômeno é denominado isquemia miocárdica. Em pacientes, que foram 14 no total, 7 utilizaram testosterona e 7 receberam placebo. Placebo é uma substância que simula ter o efeito do medicamento, mas não é o medicamento e, portanto, não tem o efeito do medicamento.

Trinta minutos após da infusão de testosterona por via endovenosa, foi realizado um teste ergométrico, que é um teste de esforço que pode ser realizado em bicicleta ou em esteira nos pacientes. Foi demonstrado que aqueles que fizeram uso da testosterona reduziram a isquemia miocárdica em pacientes de sexo masculino com histórico prévio de insuficiência coronariana e o fato estaria principalmente relacionado a um efeito vaso dilatador da testosterona a nível das próprias artérias coronarianas.

Um trabalho realizado por Tenover e colaboradores em 1992, que incluía 13 pacientes em um trabalho 'duplo cego', quer dizer, um grupo que recebia testosterona, um grupo que não recebia, e não se sabia em que grupo os pacientes estavam.

Foi feito um trabalho com intervalos de 3 meses e a característica principal foi que todos os pacientes tinham níveis de testosterona moderadamente baixos. Nesses pacientes foi utilizada, exclusivamente, a testosterona em forma intramuscular na sua forma de enantato de testosterona, em uma dose de 100 mg por semana, durante 3 meses.

Esse protocolo terapêutico é muito similar àquele utilizado como tratamento em pacientes com hipogonadismo. Tal fenômeno é definido como a falta de diferenciação celular e sexual durante o processo de crescimento, em que se encontram níveis baixos de testosterona.

Os autores, após 3 meses de estudo, observaram que 12 dos 13 pacientes, tiveram um aumento da massa muscular. Existiu um aumento não estatisticamente significativo da gordura corporal, que ia contra tudo aquilo que já foi estudado em relação ao uso de testosterona.

Em quase todos os pacientes, encontrou-se uma supressão da excreção de hidroxiprolina, que é um produto final do colágeno, que indicaria uma preservação da massa óssea, já que quanto mais massa óssea se destrói, maior é a quantidade de hidroxiprolina que vai se encontrar na urina desses pacientes.

No caso particular, o uso da testosterona, preserva a massa óssea por diminuir a excreção de hidroxiprolina.

Ao mesmo tempo, mostrou-se que existe uma diminuição do colesterol total e do colesterol chamado ruim ou LDL, mas os níveis de HDL ou colesterol bom não mudaram. Neste mesmo trabalho, os autores descobriram que existe um aumento de PSA, que é o fator que identifica crescimento prostático, mas os autores não encontraram nesse período de tempo um aumento evidente do tamanho da próstata ou uma alteração do fluxo urinário nestes pacientes.

Apesar dos efeitos benéficos encontrados neste trabalho, vemos que, para se obter esse mesmo fenômeno é necessária a utilização semanal e não a cada 3 semanas do tratamento, o que faz com que haja a possibilidade de aumento de risco de efeitos colaterais, como foi demonstrado no próprio trabalho, através dos aumentos dos níveis de PSA circulante nesses pacientes.

Porém, o trabalho é interessante e mostra que de todas as maneiras, os efeitos anabolizantes acontecem nesses pacientes, tal como está descrito nos outros trabalhos mostrados na literatura.

Um estudo feito durante 20 anos, por Barket e colaboradores, mostrou que em pacientes do sexo masculino que se encontram hospitalizados e têm mais de 60 anos de idade, praticamente 100% deles apresenta uma diminuição dramática de testosterona, de onde podemos, tranqüilamente, concluir que pacientes que fazem poucas atividades físicas, têm uma vida sedentária dentro do processo de envelhecimento. É de se esperar encontrar um grande número de pacientes com níveis deficientes de testosterona para poder manter as atividades fisiológicas que se espera desse hormônio.

Grey e colaboradores, em 1991, fizeram uma metanálise, ou seja, uma avaliação de 44 estudos realizados e publicados, mostrando que em indivíduos de sexo masculino normais pode existir diminuição dos níveis de testosterona matinal no processo de envelhecimento, cuja resposta influencia no ritmo circadiano desses pacientes, determinando alterações que possam se manifestar como associadas aos fatores de deficiência de testosterona.

A testosterona tem sido relacionado à capacidade de restaurar a libido e revitalizar a atividade sexual em homens. Esse efeito da testosterona de aumentar a libido não somente acontece por seu efeito no sistema reprodutivo, a testosterona aumenta também o desejo de bem-estar, melhora o estado do humor e também melhora nossa resposta à atividade sexual e ao prazer obtido.

Os homens que normalmente usam a testosterona em situações de deficiência da mesma reportam sentir-se muito mais contentes, energéticos e apresentam um desejo mais intenso de vida.

Um estudo envolvendo 13 pacientes idosos com níveis baixos de testosterona foi realizado na Universidade de Emory, em Atlanta, por Tenover, um excelente pesquisador vinculado à área da testosterona.

Este pesquisador administrou durante 3 meses testosterona e durante outros 3 meses administrou placebos. Já que foi um estudo 'duplo cego', nem os homens nem os pesquisadores sabiam quanto testosterona ou quanto placebo estava sendo administrado.

Ao terminar o estudo, o pesquisador notou que o efeito da testosterona foi tão pronunciado e tão evidente em 12 dos 13 pacientes, que podia-se tranqüilamente distinguir entre os meses nos quais se estavam utilizando a testosterona e os meses em que se estavam utilizando os placebos.

De acordo com Tenover, podia-se indicar a diferença baseando-se na sensibilidade do aumento da libido, na agressividade nas transações comerciais e geralmente num aumento do estado de bem-estar.

Há mais de uma década pesquisadores americanos se encontravam debatendo se os homens tinham ou não tinham problemas de declínio de testosterona. Médicos da Inglaterra começaram a usar hormônios tipo testosterona para tratar homens que já mostravam sinais de deficiência de testosterona.

Assim, trabalhos realizados por Moran, do Centro de Cuidados Hormonais em Londres, foram dos primeiros a determinar o fenômeno de menopausa masculina; observou-se que os homens experimentam muito dessas alterações emocionais durante a sua meia-idade, associadas com o declínio da testosterona, com características bastante similares a da mulher durante a menopausa.

O papel da testosterona em melhorar o estado do humor e combater a depressão tem sido bem documentado na Inglaterra. Onde a testosterona é rotineiramente usada para tratar alterações de humor atribuídas às depressões na meia-idade consistentemente os homens afirmam que, com a administração da mesma, têm um aumento de energia que poderia explicar o aumento da libido e a diminuição dos efeitos depressivos.

A testosterona tem outros efeitos em outros sistemas do organismo, que podem explicar alguns dos seus mecanismos de ação.

Um dos efeitos mais interessantes da testosterona acontece nos glóbulos vermelhos. Alguns trabalhos têm afirmado que existe um declínio na produção de glóbulos vermelhos no processo do envelhecimento. Esse fenômeno acontece, especialmente, entre os 70 e 80 anos de idade.

Sabe-se que os glóbulos vermelhos são importantes porque transportam o oxigênio e o distribuem como fonte de energia para manter o processo metabólico normal de cada uma das células. Na ausência de oxigênio, as células podem sofrer e posteriormente morrer. Se nossos cérebros não têm quantidade suficiente de oxigênio por alguns minutos, eles podem se desligar e o indivíduo morre.

Quando o homem toma testosterona, aumenta a contagem de glóbulos vermelhos, que são um mecanismo de transporte para administrar mais oxigênio aos tecidos.

O aumento dos glóbulos vermelhos também pode vir associado ao aumento de energia e uma melhor capacidade física do indivíduo. Porém, como em todas as outras circunstâncias, a testosterona deve ser utilizada com extremo cuidado, pois apesar dela não ser cancerígena por si própria, ela pode estimular um crescimento de células cancerosas pré-existentes, principalmente em nível de próstata.

Outro dos efeitos mais importantes associados ao uso de testosterona é a recuperação do material ósseo.

A testosterona tem um efeito protetor sobre ossos, mas não se sabe exatamente qual é o mecanismo; se é diretamente por ação da própria testosterona ou se é por ação indireta, na qual a testosterona se converte em aromatase e via aromatase vai se converter em estrogênio, o estrogênio tem capacidade de bloquear a destruição do material ósseo, por inibir a atividade das células denominadas osteoclastos, que são as células que destroem o material ósseo. Os osteoblastos são as células encarregadas de reconstruir o osso.

Vários trabalhos já têm demonstrado que o uso de testosterona não somente pode aumentar a presença de massa óssea mas também pode melhorar eventuais perdas ósseas, que podem acontecer em indivíduos de sexo masculino, principalmente associadas ao processo de envelhecimento ou a fatores secundários, que podem acelerar essa perda.

Esses trabalhos têm particular destaque e foram publicados em julho de 1996, no *New England Journal of Medicine*.

É importante assinalar o efeito da testosterona no músculo. Em um artigo publicado no *American Journal of Physiology*, utilizando 6 homens com idade média de 67 anos, foram administrados injeções de testosterona por 4 semanas.

Esses pacientes mostraram um aumento da força muscular, principalmente nas pernas, assim como um aumento na produção da proteína muscular, mostrando que a testosterona poderia ter uma habilidade para restaurar o músculo, no processo do envelhecimento.

Ao aumentar a capacidade muscular, a testosterona também poderia reduzir os níveis de gordura permanente dentro do organismo, aumentando a produção da massa magra.

Definitivamente, a testosterona tem um impacto positivo na manutenção do músculo e serve para manter nosso organismo forte e com boa aparência; ao mesmo tempo, permite proteger a atividade óssea e alguns trabalhos já têm demonstrado que pode ser associada a uma diminuição do tecido gorduroso.

A preservação do músculo pode ajudar também a eliminar outros tipos de problemas severos que acontecem com o processo do envelhecimento, como a osteoporose e a perda da capacidade física dos indivíduos.

Apesar de estudos a longo prazo não terem sido completados, estudos preliminares em idosos sugerem que a testosterona tem um efeito preservador de material ósseo, e nesses estudos os pesquisadores têm medido os níveis de substâncias como a hidroxiprolina, um componente que é a chave da formação do colágeno do osso.

À medida que envelhecemos, os níveis de hidroxiprolina declinam e, num estudo realizado na Universidade de Washington, a quantidade de hidroxiprolina excretada na urina foi reduzida em homens tomando testosterona, sugerindo que mais desse componente tem sido mantido dentro do organismo para criar ossos.

Num outro estudo realizado na Universidade de St. Louis, escola de medicina, pesquisadores descobriram que as injeções de testosterona levantavam os níveis de osteocalcina no sangue. Osteocalcina, como já afirmamos, é uma proteína associada à manutenção do osso e a elevação dos níveis dessa proteína pode indicar que menos osso tem sido perdido durante o processo da remodelação.

Alguns estudos mais recentes têm vinculado o potencial profilático da testosterona, principalmente nos processos de involução cerebral, inclusive nos quadros dementais como a doença de Alzheimer.

A testosterona tem sido reconhecida como um fator vital para manter a libido. A importância desse hormônio oferece uma série de outros benefícios, tanto para homens quanto mulheres. Evidentemente aumenta o desejo sexual, a conduta e qualidade das relações sexuais, mas também pode ajudar a manter e a criar tecidos orgânicos saudáveis, incluindo massa muscular e ossos.

Níveis secundários estão associados à manutenção da saúde cardiovascular, à disponibilidade da atividade cognitiva cerebral, que determina a qualidade de raciocínio e de potencial de relacionamento social, de trabalho e no estado de bem-estar.

Níveis baixos de testosterona podem reduzir a libido e podem provocar uma perda total na atividade sexual, mas afetam mais que somente a atividade sexual.

Níveis discretamente abaixo dos níveis normais de testosterona têm sido relacionados a uma série de riscos cardiovasculares, incluindo níveis elevados de colesterol e triglicérides, aumento dos níveis pressóricos ou hipertensão arterial, crises de angina de peito, arteriosclerose ou formação de placas de gordura nas paredes das artérias, diabetes, aumento de peso e/ou obesidade, presença de gordura abdominal e um aumento da tendência nos mecanismos de coagulação.

Vários estudos têm sido publicados desde 1980 e têm confirmado que os níveis de testosterona vão caindo à medida que o indivíduo vai envelhecendo. Caem, concomitantemente, os níveis de colesterol bom, o HDL, porém os níveis de triglicérides aumentam.

Trabalhos realizados relacionando os níveis de testosterona com a libido, feitos principalmente por Barret-Connor, da Universidade da Califórnia, reportaram em um estudo incluindo 100 homens uma associação positiva entre os níveis de testosterona e os níveis de colesterol HDL.

Concluiu a autora que adultos com altas concentrações de testosterona endógena, têm níveis mais favoráveis dos fatores de riscos cardíacos; incluindo colesterol HDL, têm um melhor padrão de gordura e menores níveis de glicose e insulina comparados com homens que têm concentrações baixas de testosterona.

Normalmente, é associada a osteoporose à menopausa feminina; porém, os homens no processo de envelhecimento também podem ser vulneráveis. A taxa de mortalidade em homens, após fratura coxa-femural por circundar a osteoporose, é 3 vezes maior que das mulheres. Entretanto, os homens parecem não sofrer as conseqüências desse tipo de doenças até etapas muito tardias na vida, porque, normalmente, têm ossos muito mais fortes e grossos.

Em um estudo com 49 homens, vivendo por sua conta, comparados com indivíduos vivendo em casas de repouso, os pesquisadores descobriram que a densidade óssea foi de 4 a 20% maior entre os homens que viviam por sua conta comparada com a dos institucionalizados.

Além disso, 59% dos homens com fraturas coxa-femurais têm níveis de testosterona baixos comparados com somente 18% daqueles que têm sua articulação coxa-femural intacta.

Em outro estudo, 68% dos homens com fraturas coxa-femurais foram encontrados com níveis abaixo dos normais de testosterona.

Também sabemos que a testosterona está relacionada com o estado geral. Um estudo conduzido na Universidade da Califórnia monitorou o estado de ânimo e o estado emocional de 54 homens com níveis de testosterona baixos. Esses homens normalmente eram ansiosos, irritados e agressivos e expressavam uma série enorme de emoções negativas. Foi administrada testosterona para levantá-los aos seus níveis normais.

Os resultados mostravam que as emoções voltavam a ser mais positivas, os homens eram mais amigáveis e mais felizes. É importante recordar que a negatividade emocional pode ocorrer também devido a outros fatores e não somente a níveis baixos de testosterona, fatores entre os quais podemos incluir *stress*, depressão, abuso de drogas controladas, nos quais a testosterona definitivamente não é a resposta.

Tem-se observado que níveis elevados de testosterona, principalmente testosterona natural, trazem uma série de efeitos benéficos ao organismo. Podem diminuir os fatores de risco associados às doenças cardiovasculares, incluindo níveis elevados de colesterol, triglicérides, níveis de glicose, gordura abdominal e a tendência à coagulação sangüínea; a testosterona também ajuda a criar ossos fortes.

Elevando-se os níveis de testosterona podem ser melhoradas, também, a massa muscular e a força muscular.

Num estudo que foi realizado há 40 anos, os indivíduos que aumentaram seus níveis de testosterona, tomando uma forma denominada ésteres de testosterona, que são análogos sintéticos, ganharam uma média de 1,7 kg, sendo que uma porção substancial se deve ao ganho de massa magra.

Um estudo mais recente, realizado na Universidade de Harvard, em Boston, mostrou um efeito similar. A um grupo de homens com idade média de 58 anos, que tinham níveis de testosterona baixos, foram dadas injeções de testosterona. Os pesquisadores mediram a densidade óssea, a massa muscular e a porcentagem de gordura corporal, antes, durante e depois da substituição com testosterona.

Os resultados indicaram que o aumento de testosterona por mais de 18 meses estava associado com 7% de aumento da massa magra, com 14% de diminuição da massa gordurosa e 5% de aumento da densidade óssea.

Se consideramos a libido como o engenho da sexualidade, a testosterona é a primeira fonte de energia que a gera.

Está bem documentado que homens que têm níveis baixos de testosterona, seja por defeitos congênitos, doenças ou uso de drogas, traumatismo ou envelhecimento, têm uma diminuição do desejo sexual. Em outros casos, como os homens castrados, também está amplamente reportado na literatura que têm uma diminuição importante de seu desejo sexual, inclusive na presença de mulheres atrativas.

A pergunta que todos os autores normalmente se fazem é se melhorando os níveis de testosterona é possível restaurar a libido; a resposta é normalmente sim.

A habilidade da testosterona de iniciar o interesse sexual em homens, cuja chama tem estado baixa durante muito tempo, tem sido demonstrada em muitos estudos, inclusive desde o início da década de 80.

A aplicação de testosterona natural, recentemente, demonstrou habilidade de aumentar o desejo sexual nos mesmos níveis que as injeções de testosterona nas suas formas sintéticas variadas de apresentação.

Isso é importante, porque a testosterona aplicada por via transdérmica pode elevar os níveis de testosterona comparáveis àqueles que são produzidos dentro do organismo, enquanto a testosterona em forma sintética, como o éster ou propionato, seja por via oral ou como injetáveis, causa aumento, às vezes, a níveis suprafisiológicos dos níveis de testosterona.

Em um estudo realizado, utilizando-se aplicações transdérmicas, usando a pele como via de aplicação de testosterona em homens deficientes desse hormônio entre 21 a 65 anos de idade, comparou-se o nível de desejo sexual, primeiro durante 3 semanas de uso de tratamento com inantato de testosterona, depois durante 8 semanas sem uso de testosterona e, finalmente, 12 meses, usando a testosterona transdérmica.

Os resultados mostraram que, durante o período da retirada da testosterona, o desejo sexual e a ereção declinavam significativamente.

Com a aplicação diária da testosterona transdérmica, a libido retornou e permaneceu elevada durante os 12 meses que incluíam o estudo.

A impotência, que ocorre tipicamente em homens acima dos 40 anos de idade, pode ser combatida com suplementos de testosterona, mas somente se a impotência é secundária, a níveis baixos de testosterona. Para atingir e manter a ereção, requer-se um complexo sistema de funcionamento, já que não estão envolvidos somente os hormônios.

Mas outros fatores podem incidir na capacidade sexual do indivíduo, além do desejo sexual, como os determinantes que permitam uma atividade mental adequada ao funcionamento do sistema neurológico e cardiovascular e à manutenção da saúde do indivíduo, com ausência de *stress* e o uso ou abuso do álcool e drogas.

Quando os problemas de ereção estão associados à deficiência de testosterona, o aumento desses níveis pode ser particularmente efetivo.

Em um trabalho realizado nessa área, em um pequeno estudo duplo cego, com 6 homens entre 32 e 65 anos, que têm sofrido as conseqüências dos sintomas de baixa de testosterona nos 5 meses anteriores, foram administrados testosterona inantato ou placebo em doses mensais. Os níveis de testosterona aumentaram a níveis extremamente altos nos pacientes que utilizaram inantato de testosterona.

Durante o curso do trabalho, os homens reportaram que sua atividade sexual e suas experiências melhoraram. Esse estudo concluiu que, aumentando-se os níveis de testosterona em altas doses, aumentaram as ereções totais, as ereções noturnas, as intenções da atividade coital, a masturbação e os orgasmos. Os autores ficaram impressionados com a rapidez que a administração de testosterona foi seguida por estimulação da atividade sexual. Essa latência foi medida entre dias e até semanas.

Os efeitos dos novos tipos de testosterona, principalmente os transdérmicos, são altamente intrigantes. Num estudo, o número de ereções por semana aumentou de 2,3 a 7,8 durante o tratamento com testosterona.

Os pesquisadores também notaram aumento significativo nas durações das ereções, assim como no índice de ereções de uma medida *standard* da rigidez média do pênis.

É importante também destacar que a testosterona utilizada em doses muito menores, aproximadamente 10% das doses que são utilizadas em homens, pode ter efeitos benéficos no sexo feminino, e, provavelmente, a maior importância esteja relacionada com o aumento da atividade da libido, mostrando que ela é muito mais efetiva nessa fase que na do uso do estrogênios.

Pesquisas descobriram, há mais ou menos 50 anos, comparando os efeitos de estrogênios com testosterona em mulheres menopausadas, que nas mulheres em que foi administrada testosterona sintética, seu desejo libidinoso aumentou em 65%, enquanto que naquelas que receberam estrogênio sintético aumentou apenas 12%.

Recentes estudos dos efeitos da testosterona em mulheres, mostram que existe um aumento substancial da libido, das fantasias sexuais, melhoram o desejo e a freqüência do relacionamento sexual.

Apesar da maior parte dos estudos envolver a forma sintética de testosterona, devemos considerar que os resultados são bastante similares quando utilizadas as testosteronas naturais e provavelmente com o menor risco de efeitos secundários associados às circunstâncias.

Entretanto, segundo esses autores, o uso associado principalmente por via transdérmica, utilizando de 10 a 24 mg de progesterona, administrada diariamente durante os últimos 14 dias em mulheres ainda menstruando ou nos últimos 10 a 14 dias nas mulheres menopausadas é um fator de proteção extremamente importante, tanto de seu ponto de vista cardiovascular quanto de seu ponto ósseo.

Apesar de termos uma experiência de vários anos com o uso da progesterona, acreditamos que ainda sejam necessários alguns trabalhos e mais pesquisas que possam permitir identificar o verdadeiro potencial da progesterona natural em seu uso no dia-a-dia.

A nossa única grande preocupação, e foi afirmado anteriormente, não se trata de um produto possível de ser patenteado e lamentavelmente, quando não existe a possibilidade de um retorno exclusivo através de uma patente por 10 ou 15 anos, laboratório nenhum vai investir dinheiro suficiente para demonstrar o verdadeiro potencial, preferindo fazer melhor em progestinas, que são as progesteronas sintéticas, que parecem, mas não são progesteronas e segundo vários trabalhos seriam agentes farmacológicos que poderiam aumentar a depressão, assim como a retenção de líquidos nas mulheres menopausadas em uso deste hormônio sintético.

## 8.4. Sintomas por Deficiência de Testosterona

Em vários trabalhos realizados têm sido identificados os sintomas mais comuns associados a níveis de testosterona total ou de testosterona livre dentro do organismo.

Esses fatores têm demonstrado que podem ser avaliados percentualmente, para posteriormente serem considerados no momento em que existe uma avaliação clínico-laboratorial do paciente em questão.

Dessa maneira, foram classificados os seguintes sintomas associados à deficiência de testosterona:

1. Disfunção erétil, que se encontra em 82% dos pacientes;

2. Síndrome de fadiga crônica, que pode ser encontrada também em quase 82% dos pacientes que foram avaliados com deficiência de testosterona plasmática;

3. Diminuição da libido, encontrada em 79% dos pacientes;

4. Curiosamente, um dos maiores fatores associados ao hipotestosteronismo é o sintoma da depressão, que é encontrado em 70% dos pacientes;

5. Dores articulares e dores musculares têm uma incidência acima de 50% nos pacientes, sendo identificadas em 63% dos pacientes estudados;

7. Incluem-se a irritabilidade, a angústia, a ansiedade, provocadas por níveis baixos de testosterona;

8. Encontra-se o aumento da sudorese em torno de 53% dos pacientes;

9. A irritabilidade, encontrada em 61% dos pacientes;

10. Finalmente, no último lugar, tem-se encontrado um sintoma que costuma ser um dos mais comuns no sexo feminino, que são as ondas de calor; porém, no sexo masculino, este sintoma é encontrado em 1 em cada 5 pacientes, aproximadamente 22% dos pacientes que foram avaliados no caso.

# 9

## GUIA INTELIGENTE DO USO DE NUTRIENTES E SUBSTÂNCIAS NO TRATAMENTO COADJUVANTE DO ENVELHECIMENTO SEXUAL MASCULINO

### 9.1. Nutrientes

#### Aminoácidos

Os aminoácidos formam parte das estruturas que determinam a formação das proteínas. Essas, por sua vez, vão dar lugar à formação de músculos, órgãos, células sangüíneas, enzimas e outros.

Aminoácidos essenciais são aqueles que o organismo não consegue produzir. Os não essenciais são criados por outros aminoácidos.

Três aminoácidos têm uma influência positiva na vida sexual: a arginina, que condicionalmente é considerada essencial; a fenilalanina, que é essencial; a tirosina, que não é essencial. É importante destacar que quase todos os aminoácidos que são consumidos em forma sintética como coadjuvantes de tratamento são utilizados na sua forma levózica L, que indicaria, praticamente, que o aminoácido está em seu estado natural.

A arginina afeta profundamente a sexualidade humana, apesar de ter sido considerado sem importância esse fator até meados dos anos 80, quando alguns pesquisadores, como Pearson e Shaw, que são co-autores do livro *Life Extension*, popularizaram o seu uso como um suplemento dietético, revelando sua habilidade de funcionar com um efeito similar aos andrógenos, principalmente associado à atividade do hormônio de crescimento.

Pesquisas realizadas em 1980 mostraram que a arginina significativamente acelerava a cicatrização e melhorava a função imunológica, além de ajudar na liberação do hormônio de crescimento.

Quando nutrientes como o ácido pantotênico e a colina eram tomados simultaneamente com a arginina, a combinação parecia ser muito mais efetiva como fatores adaptógenos na promoção da liberação do hormônio de crescimento.

Os estudos mais recentes e as notícias mais surpreendentes relacionadas com a arginina são sua participação como tendo um efeito poderoso pró-sexual tanto em homens como em mulheres, apesar que, originalmente, se atribuía essa participação por ser um percursor do hormônio do crescimento.

Estudos realizados na década de 90 mostraram um precursor de uma outra importante molécula conhecida com o nome de óxido nítrico.

Uma das mais excitantes descobertas realizadas no momento da produção de óxido nítrico é que com a interação com esse tipo de substância é possível experimentar uma ereção mais freqüente, mais duradoura e de melhor intensidade.

Além de sua habilidade de aumentar a qualidade da libido, o óxido nítrico é importante para outras funções fisiológicas; por exemplo, o organismo retira níveis adequados de óxido nítrico para manter adequadamente os níveis pressóricos, a função imunológica, para regular as células cancerosas e os microrganismos e, inclusive, para controlar a atividade muscular no seu balanço e coordenação.

A descoberta do óxido nítrico produzido pela arginina foi tão revolucionária que, em 1992, a revista *Science* nomeou o óxido nítrico como a molécula do ano; em 1994, na edição da *Lancet*, um pesquisador observou que o óxido nítrico em sua pesquisa está atingindo a crista do entusiasmo.

Um dos aspectos mais importantes do óxido nítrico é sua capacidade de maximizar ereções.

A ereção normalmente se inicia com pensamentos sexuais, que podem vir acompanhados ou determinados por estímulos externos como, por exemplo, os observados na mulher bonita, seja por foto ou pessoalmente, ou por um estímulo interno, uma fantasia ou eventualmente pela combinação de ambos os estímulos.

Esse tipo de pensamento estimula a liberação de sinais nervosos que viajam através da medula espinhal até o pênis. Quando as artérias do pênis recebem essas informações, elas se dilatam, permitindo um aumento do fluxo sangüíneo ao pênis.

Isso acontece, evidentemente, numa questão de segundos; os músculos que controlam e que se encontram ao redor do corpo esponjoso são os músculos dos corpos cavernosos, que respondem ao sinal com mecanismos de relaxamento. À medida que relaxam, existe um aumento de fluxo sangüíneo através das artérias penianas, que enchem esses espaços, aumentando a pressão dentro do pênis. As veias que liberam o fluxo de sangue são comprimidas de maneira que não exista um retorno de sangue. Quanto maior a quantidade de sangue retida no pênis, maior e mais dura será a ereção. Sem dúvida nenhuma o óxido nítrico é um dos agentes químicos mais importantes na produção da ereção. Tem um papel importante na seqüência dos eventos, seja no desejo sexual, na resposta neurológica e na conversão da arginina no óxido nítrico. Este último se difunde rapidamente nas artérias e no tecido muscular liso, que se dilatam e relaxam como resposta.

O óxido nítrico é utilizado no organismo estritamente como um regulador para os pacientes com insuficiência. Alguns dados científicos, assim como reportagens anedóticas, indicam que os suplementos de arginina poderiam melhorar a fertilidade em humanos e em animais.

Apesar da maior parte da pesquisa com arginina ter sido realizada em animais, ela mostra que o suplemento desse aminoácido pode otimizar a fertilidade em homens com baixa contagem de esperma ou com pobre mobilidade espermática. A arginina tem demonstrado capacidade de regular a mobilidade espermática, e viabilizar o metabolismo espermático.

Alguns estudos posteriores sugerem que a arginina também pode ser utilizada no tratamento da disfunção erétil em humanos. A arginina também tem um papel importante no aumento da libido sexual em mulheres, apesar de que a resposta comparada à dos homens não é tão óbvia como a vista na ereção.

Estudos realizados em animais fêmeas, em laboratório, mostram que a arginina aumenta a produção de óxido nítrico, que, por sua vez, aumenta o desejo e a conduta sexual.

Recentemente, trabalhos têm demonstrado que as mulheres são muito mais eficientes produtoras de óxido nítrico, especialmente antes da menopausa.

Um recente estudo mostra que mulheres prémenopáusicas têm maior concentração e produção de óxido nítrico que homens, o que pode explicar porque as mulheres tendem a ser muito mais sexuais e têm muito mais afinidade para atividade sexual nas primeiras etapas de suas vidas.

Um outro estudo em laboratório mostrou que o óxido nítrico é produzido no útero da mulher, evitando que a musculatura uterina se contraia durante uma gravidez, mas não durante o parto.

Também foi demonstrado que os níveis de óxido nítrico podem ser controlados pelos estrógenos, um hormônio sexual feminino.

Os suplementos de arginina normalmente são não-tóxicos e seguros para a maior parte da população. Porém, devem ser evitados principalmente em pacientes que têm altos índices recidivos de infecções produzidas por herpes vírus.

As dosagens de administração devem ser determinadas pelo seu facultativo, porém as doses são muito variadas, podendo ser utilizadas doses que variam de 3 a 18 gramas.

### *Fenilalanina e Tirosina*

São conhecidos por ter seu efeito sobre o estado de ânimo e estar relacionadas com a ação de nervos transmissores no cérebro.

Vários estudos indicam que o aumento da atividade do desejo sexual pode estar relacionado a níveis elevados no cérebro de um neurotransmissor chamado dopamina. Quando existem níveis baixos de dopamina, há depressão, perda de interesse sexual e também há associação com a doença de Parkinson.

Quando os pacientes com Parkinson são tratados com uma droga denominada dopa, não somente começam a sentir-se melhor mas manifestam um efeito colateral importante, que pode ser uma síndrome de hipersexualidade.

Essa síndrome está caracterizada por um marcado aumento no desejo sexual e interesse e é relativamente um efeito colateral comum no uso da dopa.

A dopa é um percursor químico da dopamina, indicando que o organismo utiliza a dopa para fazer dopamina.

Esta última, percursor químico da norepinefrina, é um outro neurotransmissor cerebral associado na conduta sexual.

A norepinefrina estimula diretamente o centro no sexo do cérebro no nível do hipotálamo e é considerada como um dos químicos pró-sexuais naturais mais importantes do organismo.

A dopa é uma medicação que deve ser prescrita, mas ela pode ser manufaturada dentro do organismo e isto é realizado através da administração de 2 aminoácidos denominados fenilalanina e tirosina. Estes devem ser administrados na parte da manhã ou antes das principais refeições, principalmente, com o estômago cheio para não sofrer a competividade por parte de outros tipos de aminoácidos, que podem ser administrados junto com as refeições.

A dopa existe em boas quantidades, principalmente nos grãos, e deve ser tomada principalmente a fenilalanina e tirosina associadas com cloridato de piridoxina ou denominada de vitamina B6, vitamina C, ácido fólico, cobre, que ajudam na conversão de dopa em dopamina.

## 9.2. Ervas

Existem muitas histórias folclóricas em relação aos efeitos afrodisíacos das ervas. Algumas, inclusive, têm sido assinaladas como tendo poderes mágicos na sedução e com capacidade de atrair membros do sexo oposto.

Existem evidências mostrando que muitas ervas realmente têm efeitos pró-sexuais, que eliminam parcialmente os fatos fictícios especialmente na luz de estudos científicos mínimos para verificar esses efeitos assinalados.

### *Ginseng*

É uma das ervas mais pesquisadas; há várias centenas de trabalhos na literatura indicando sua capacidade de estimulante sexual.

Recentes estudos científicos mostraram que o ginseng também tem um valor potencial para outros tipos de uso, que pode ser usado como um tônico para a saúde geral ou para outros tipos de aplicação na saúde, como: promover a fertilidade, aumentar a potência, aliviar o *stress*, melhorar o esforço físico, regular a pressão arterial, aumentar a imunidade, diminuir o colesterol, reduzir o risco de ataque cardíaco, controlar diabetes, proteger o fígado, bloquear inflamação, estimular a cicatrização, inclusive no combate ao câncer.

As formas mais comuns de ginseng encontradas no mercado são denominadas ginseng siberiano, americano e panax. O panax também é denominado ginseng coreano e cultivado na província de Hunan, na China; é a forma preferida em relação às outras variedades porque pode promover uma melhora da atividade sexual.

Vários estudos têm comprovado, recentemente, que o ginseng teria potencial para aumentar o desejo sexual e a fertilidade. A maior parte desses estudos foi realizada em animais, por ser muito mais fácil do que em humanos.

O ginseng panax é especialmente benéfico para homens. Vários estudos indicam que pode aumentar a formação de espermatozóides, promover o crescimento dos testículos e aumentar e manter a conduta sexual em animais. Um estudo em particular, demonstra sua habilidade de aumentar os níveis de testosterona.

Quando, em ratos de laboratório, foi administrada uma dieta que tinha 5% de ginseng panax por um período de 60 dias, os níveis de testosterona plasmática desses animais tiveram um aumento impressionante de 163%.

Algumas pesquisas estão examinando atualmente a presença de alguns compostos denominados ginsengnóides, que teriam uma atividade que envolve a produção de óxido nítrico e sua liberação.

Esses estudos têm demonstrado que os ginsengnóides iniciam a liberação de óxido nítrico nas células endoteliais das paredes arteriais, que poderiam aumentar as suas qualidades pró-sexuais.

Apesar de os estudos com ginsengnóides estarem nas fases iniciais, estes têm sido considerados úteis para se aumentar o fluxo de sangue, não somente nos genitais, mas também em nível de coração, cérebro e outros órgão vitais.

O ginseng é considerado, normalmente, uma substância segura e não-tóxica, mas deve ser tomado com muito cuidado, principalmente com controle médico em pacientes que são hipertensos ou têm outras doenças cardiovasculares.

Para se ter um melhor resultado, esses tipos de ervas devem ser tomadas diariamente entre as refeições; também podem ser tomadas imediatamente antes de realizar sexo, preferencialmente com o estômago vazio.

## 9.3. Outros Nutrientes

### *Niacina*

É parte componente das vitaminas do complexo B. Está direta ou indiretamente envolvida em 50 reações químicas no organismo. Ajuda a manter a pele, a adequada circulação e a síntese de hormônios sexuais.

Está diretamente envolvida nas atividades de diferentes tipos de enzimas que participam da produção de energia, do metabolismo de gordura, do colesterol, dos carboidratos e na preparação de diferentes compostos orgânicos.

Esse nutriente é rotineiramente recomendado para diminuir os níveis de lipídios, no tratamento das artrites e na desintoxicação de metais pesados.

No que se refere à sua atividade sexual, um dos seus mecanismos mais importantes é o fato de provocar um *flash*, que é uma sensação de calor, que acontece mais intensamente associado a um intenso prurido ou coceira, com uma duração de aproximadamente 20 minutos.

Isto é provocado pela liberação de histamina, que está associado também a uma resposta natural da excitação sexual.

A niacina tem sido muito útil, principalmente em indivíduos que têm experimentado dificuldade para atingir o orgasmo e isto se deve à incapacidade de ter uma liberação adequada de histamina, que é um fator essencial na experiência orgásmica.

Deve-se ter muito cuidado no uso da histamina, principalmente como automedicação, já que doses elevadas por períodos prolongados de tempo têm sido associadas a alterações hepáticas totalmente irreversíveis quando a medicação é suspensa.

Portanto, a supervisão de sua administração e as suas doses são extremamente importantes.

### *Acetilcolina*

É um membro da família do complexo B que serve para estimular tanto a atividade sexual quanto a atividade cerebral. É considerado um dos neurotransmissores cerebrais mais importantes que existem, principalmente para o controle da memória.

A acetilcolina pode funcionar como um nutriente prósexual porque ajuda a transmitir o impulso dos sistema nervoso parassimpático à região da área genital.

Assim, também a acetilcolina é um neurotransmissor primário para a atividade dos músculos esqueléticos. É uma substância química essencial para um adequado controle muscular e da tonicidade muscular.

Algumas pesquisas levam a crer que a suplementação de colina pode aumentar a energia e a resistência física. Evidentemente poderá oferecer maior quantidade de energia para estender a atividade física e sexual.

Algumas pesquisas têm demonstrado que indivíduos que se alimentam com baixas concentrações de colina, que resultam em uma diminuição dos níveis de acetilcolina, sentem diminuir a resposta sexual.

O mecanismo acontece ao contrário quando se elevam os níveis plasmáticos de acetilcolina. Vários estudos realizados em laboratório mostram que a resposta sexual, principalmente no sexo feminino, pode ser aumentada ou desencadeada em parte pelos índices de acetilcolina no cérebro.

Quando ratos do sexo feminino receberam uma droga denominada eserina, que aumenta os níveis de acetilcolina no cérebro, aumentaram a posição denominada lordose, que é uma posição que acontece em nível da coluna e é a postura receptiva sexualmente definida no sexo feminino.

Quando esses mesmos ratos receberam atropina, que bloqueia a produção de acetilcolina, as lordoses acabaram. Esse mesmo experimento foi posteriormente realizado com drogas similares e os resultados sexuais foram exatamente os mesmos.

Em um outro experimento, uma droga semelhante à acetilcolina denominada carbacol, que mimetiza a ação de acetilcolina, foi injetada nos cérebros de ratos femininos, que novamente apresentaram posição de lordose.

### Vitamina B5 (ácido pantotênico)

Tem um papel importante na produção de energia e na produção de hormônios da glândula suprarenal, assim como também participa dos glóbulos vermelhos.

Pode aumentar a resistência física e sexual por duas vias importantes:

1. Porque o organismo utiliza o ácido pantotênico para produzir o acetilcolina;

2. Participa na atividade metabólica produtora de energia, conhecida com o nome de ciclo de Krebs, que é o ciclo que utiliza oxigênio como fonte primária para dar lugar à produção de uma grande quantidade de energia dentro do organismo.

Um estudo interessante demonstrou a importância da vitamina B5 na resistência física, envolvendo ratos de laboratório que foram divididos em 3 grupos recebendo altas, adequadas ou deficientes níveis de vitamina B5. Os ratos foram colocados num tanque cheio de água gelada e forçados a nadar até o ponto de exaustão. Os resultados mostraram que os ratos com altos níveis de ácido pantotênico superaram em 4 vezes aqueles ratos que eram alimentados com dietas deficientes em B5.

Recentes trabalhos têm demonstrado que a combinação de colina com ácido pantotênico talvez represente o casamento perfeito dos nutrientes para a produção de acetilcolina e pode aumentar a atividade e a experiência sexual.

Outras pesquisas mais recentes indicam que a suplementação de arginina, a colina e a vitamina B5 podem ainda aumentar a resposta sexual considerando-se principalmente que a arginina participa na liberação do óxido nítrico, assim como na coluna formadora do hormônio de crescimento, e essa combinação poderia ter um efeito sinérgico na sua atividade pró-sexual.

### Zinco

Os alimentos mais ricos em agentes considerados afrodisíacos são também os agentes mais ricos em um mineral denominado zinco.

As ostras, por exemplo, contêm 150 mg de zinco em cada 100 gramas. Essa é uma razão, pela qual se considera que não é uma mera coincidência que a presença desse oligoelemento seja um dos mais importantes na determinação do funcionamento adequado da atividade sexual, principalmente em homens.

Encontrado em cada célula do organismo, o zinco é vital em diferentes aspectos para a reprodução do sexo masculino, incluindo a produção hormonal, a formação espermática e a motilidade espermática.

Também participa da produção de várias enzimas no organismo, que estão envolvidas em milhares de funções, desde o crescimento celular até a produção de testosterona.

Vários estudos têm demonstrado a importância do zinco, não somente na saúde sexual. Principalmente em homens a deficiência de zinco tem-se caracterizado por uma redução da libido, níveis baixos de testosterona, níveis baixos de contagem espermática, retardo na maturação sexual, atrofia sexual e outros problemas não sexuais, como um retardo na cicatrização e no crescimento.

Vários estudos têm demonstrado que a suplementação de zinco pode reverter muitos desses efeitos anteriormente citados.

Um estudo mostrou 37 homens com mais de 5 anos de infertilidade, cujos níveis espermáticos foram abaixo de 25 milhões por mililitros. Esses estudos também mediram os níveis de testosterona quando esses pacientes receberam suplementos de zinco entre 45 a 50 dias: 22 tiveram um aumento importante na contagem espermática, aumentaram os níveis de testosterona e 9 de 22 esposas engravidaram durante o estudo.

É também conhecido o efeito do zinco em homens saudáveis, já que a quantidade de zinco que existe na próstata é aproximadamente 10 vezes maior que em qualquer outro tipo de tecido orgânico.

Alguma evidência mostra que o zinco tem um papel importante na regulação dos níveis de testosterona em nível prostático.

Evidências sugerem que o zinco pode controlar a conversão da testosterona em hidrotestosterona, que é a forma ativa da testosterona. Isso é importante porque a hidrotestosterona tem sido vinculada a características da calvície do sexo masculino e ao aumento ou hipertrofia prostática.

Um estudo mostrou que quando foi administrada a um grupo de ratos uma dieta enriquecida com zinco, a conversão de testosterona em 5-alfa-dihidroxitestoterona foi significativamente reduzida.

Outros estudos têm demonstrado que uma diminuição no consumo de zinco em apenas um mês é suficiente para produzir uma deficiência de zinco que reduza os níveis de testosterona em aproximadamente 20%.

O zinco é considerado um oligoelemento, relativamente seguro se utilizado nas doses adequadas, normalmente abaixo de 20 mlg por dia. Doses muitos altas devem ser utilizadas por um período relativamente curto de tempo e principalmente sob uma supervisão adequada.

## 9.4. Outros Agentes Naturalmente Sintetizados no Organismo

### *Androstenediona*
É uma substância natural que foi identificada recentemente. É extremamente popular nos Estados Unidos, tanto para homens como para mulheres, quando procuram-se benefícios para a saúde e beleza, capacidade atlética e sexual.

Pode ser encontrada em plantas e em produtos animais, como, por exemplo, no pólen de várias plantas e alimentos.

A androstenediona, como sabemos, também é produzida pelo organismo humano, pelas glândulas suprarenais, testículos e ovários, e esse composto é considerado um pró-hormônio, indicando que o organismo rapidamente o converte em hormônios verdadeiros. É considerado um precursor metabólico da testosterona, já que a androstenediona é primariamente convertida em testosterona.

A maior parte de seus benefícios inclui um aumento da libido, da tonicidade muscular e está associada a níveis de testosterona mais altos.

Em uma menor quantidade, a androstenediona também se desdobra em estrogênio, incluindo estrona, estriol e estradiol.

A androstenediona foi inicialmente desenvolvida como uma versão natural nos idos de 1930 e permaneceu esquecida pelo menos durante 30 anos. Posteriormente, foi identificado que ela poderia aumentar os níveis de testosterona em mulheres em aproximadamente 3 vezes acima dos valores normais.

O mundo atlético começou a utilizá-la porque sendo um pré-hormônio era difícil de ser identificada pelos métodos tradicionalmente utilizados e a Alemanha, principalmente a Oriental, foi um dos primeiros países a começar a utilizá-la aleatoriamente.

Em 1994, a androstenediona converteu-se num suplemento legal nos Estados Unidos. Como a androstenediona é encontrada naturalmente em algumas plantas e animais, ela supre os critérios necessários para ser considerado um suplemento alimentar.

Em junho de 1999, a androstenediona começou a ocupar destaque importante nos jornais, principalmente por causa de um trabalho publicado no *Journal of the America Medical Association*, que revelou que esse suplemento não aumentava os níveis de testosterona no organismo.

É importante entender que isso pode ser verdadeiro para muitos tipos de formas de androstenediona, já que muitos desses produtos pró-hormonais podem ser rapidamente desdobrados no fígado antes que atinjam seu nível hormonal. Portanto, é importante utilizar a androstenediona em formas que possam atravessar a atividade hepática. Isso é feito muito melhor em formas sublinguais, em *sprays* ou em formas de adesivos.

A androstenediona pode funcionar como um aumentador da libido, principalmente quando é utilizada em forma de adesivo ou por vias sublinguais. Esse efeito é muito maior, principalmente naqueles indivíduos que têm níveis de testosterona baixos. Esse mesmo mecanismo de aumentar a libido tem sido encontrado em vários trabalhos realizados no sexo feminino.

Nas mulheres, em particular durante a menopausa, a atividade dos hormônios se reduz consideravelmente e diminuem os níveis de androstenediona. Entretanto, as glândulas suprarenais continuam a produzir uma certa quantidade desse pró-hormônio. Com o tempo, a produção das suprarenais declina, contribuindo para um declínio dos níveis de testosterona. Esse declínio tem sido atribuído ao declínio da libido que acontece nas mulheres na menopausa e na pós-menopausa.

Vários estudos têm mostrado a capacidade da androstenediona em converter-se em testosterona e pode reduzir alguns dos sintomas associados com a menopausa. Em 1940, um estudo duplo cego em terapia de reposição hormonal foi realizado em mulheres pós-menopáusicas. Compararam o efeito de dietilestilbestrol, um estrogênio sintético que mimetiza o efeito da droga a uma combinação de dietilestilbestrol e metiltestosterona, uma testosterona sintética. Apesar de os dois tratamentos mostrarem uma melhora dos sintomas associados à menopausa, a maior parte das mulheres preferiram a combinação de estrogênio-androgênio, porque aumentava principalmente a sua libido.

Existe suficiente evidência na literatura mostrando que a androstenediona pode aumentar o estado de ânimo e os níveis de energia. Em um estudo para demonstrar os efeitos psicológicos da terapia de reposição hormonal em mulheres, cujos ovários foram removidos cirurgicamente, foram utilizadas no tratamento injeções de estrogênio e androgênio, comparadas a estrógenos sozinhos ou a nenhum tipo de tratamento. O grupo que utilizou a combinação de estrogênio e androgênio reportou uma melhora na resposta, no bem-estar, na capacidade energética em comparação com outros grupos.

Vários pesquisadores vinculados à área de reposição hormonal têm fortemente recomendado o uso desses tipos de produtos como pró-hormônios, principalmente os de origem natural.

A maior parte dos esteróides anabolizantes são químicos sintéticos produzidos em laboratório; a androstenediona, pelo contrário, é uma substância natural e reconduzida como tal pelo organismo.

O organismo tem todas as enzimas necessárias para metabolizar a androstenediona. Essas enzimas vão formar a androstenediona a partir da dihidroepiandrosterona e da 17-alfa-hidroxiprogesterona, convertendo-as em androstenediona e, posteriormente, em testosterona ou estrogênio.

Resumidamente, a androstenediona permite ao organismo aumentar naturalmente os níveis de testosterona; como é rapidamente metabolizada, não produz efeitos tóxicos conhecidos, diferente de drogas sintéticas ou esteróides que, eventualmente, não aumentam os níveis de testosterona, inclusive podendo diminuí-los.

Estamos falando de drogas sintéticas que contêm androstenediona ou que simulam o efeito de androestenediona. Além disso, essas últimas podem ser inclusive tóxicas para o organismo, principalmente porque têm de ser metabolizadas em nível hepático e podem comprometer ao ponto de provocar lesão hepática.

Em geral, podemos considerar que a androstenediona é uma substância benigna; pode ser recomendada como um percursor hormonal, pode participar em quase todo o processo hormonal e é considerada basicamente um androgênio ou um hormônio sexual masculino.

Evidentemente, se utilizada em doses extremamente altas, por períodos prolongados de tempo, poderá causar características de masculinização no sexo feminino. Comparado com testosterona, a androstenediona é considerada um androgênio muito fraco.

A sua melhor via de administração, como foi assinalado anteriormente, é principalmente em *spray*, por via sublingual, e principalmente quando administrada em forma de adesivos.

### *DHEA*

Denominada dehidroepiandrosterona, é considerado um precursor direto da testosterona e é formado pela pregnenolona. O DHEA atinge sua máxima concentração plasmática em torno dos trinta anos de idade, com um declínio posterior, chegando a 25% de sua concentração quando o paciente atinge os 70 anos, o que mostra uma curva de declínio similar à da testosterona.

O DHEA já tem sido amplamente estudado e suas propriedades tanto como suplemento nutricional quanto seu potencial terapêutico são amplamente conhecidas; porém, pelo fato de ser uma substância natural, não pode ser patenteado, o que diminui seu interesse por parte da indústria farmacêutica e, como conseqüência, diminui sua divulgação, determinando mantê-lo incógnito.

Apesar do DHEA não poder ser prescrito no país desde o último ano sem ter uma justificativa científica que convalide esta determinação, acreditamos que o cerceamento realizado em torno dele seja uma conseqüência da imposição de interesses óbvios que provavelmente viram seu faturamento desabar. Aproveitaram-se de sua influência para impedir seu uso e para que não concorresse com produtos quase similares, porém com efeitos tóxicos conhecidos, e, apesar deste fato, esses produtos concorrentes podem ser comprados livremente.

Vários trabalhos têm associado o uso de DHEA como um fator concomitante como:

1) Nutriente no controle das atividades cardiovasculares e na profilaxia da arterioesclerose;

2) Importante nutriente no controle involutivo cerebral, principalmente pelo fato de que o cérebro é muito rico em receptores de DHEA;

3) Participação no metabolismo do colesterol, provavelmente para aumentar a capacidade hepática em utilizar e disponibilizar os ácidos graxos;

4) Nutriente natural utilizado como complemento no tratamento da obesidade;

5) Precursor da testosterona e utilizado no tratamento complementar da andropausa e da frigidez no sexo feminino;

6) Regulador dos pacientes com resistência à insulina, posteriores diabéticos, já que níveis adequados de DHEA podem regular os níveis de açúcar e de insulina com intervenção do metabolismo do cortisol.

É importante destacar que o DHEA deve ser utilizado exclusivamente com indicação médica e somente deve ser suplementado em pacientes claramente deficientes em DHEA, medido em plasma ou em saliva.

Doses muito altas de DHEA podem ser associadas aos mesmos efeitos colaterais do estrogênio e da testosterona, já que o DHEA é um precursor dos mesmos, razão pela qual é contra-indicado seu uso em pacientes portadores de câncer de mama e de próstata.

Um nutriente denominado Yam, que é o inhame (planta do nordeste) que tem sido propagado como precursor do DHEA, só tem potencial terapêutico quando sintetizado no laboratório ou administrado por via transdérmica, já que o organismo não possui enzimas que desdobrem o inhame e o convertam nos hormônios naturais.

### *Pregnenolona*
É considerado o precursor mais importante de todos os hormônios provenientes do metabolismo do colesterol, sendo considerado um pró-hormônio mãe, do qual nascem:

- Cortisol;
- Progesterona;
- DHEA;
- Testosterona;
- Estrogênios;

Outros precursores intermediários, como a androstenediona.

O pregnenolona é considerado um fraco precursor pelo fato de que após a sua administração, tem de se dividir para formar diferentes componentes e pela mesma razão está associado a raríssimos efeitos colaterais, podendo ser utilizado com ampla margem de segurança.

Os diferentes trabalhos científicos têm demonstrado efeitos complementares terapêuticos como:

1) Tratamento auxiliar dos fatores associados à andropausa;

2) Por estimular receptores cerebrais tem ação estimuladora na preservação da memória;

3) Por ser precursor de vários outros hormônios participa no controle da fadiga física e mental;

4) Recentes trabalhos têm demonstrado um eventual potencial terapêutico nos pacientes portadores de doenças reumáticas.

## 9.5. Outras Substâncias Pró-Sexuais

### *Feromônios*

Osmologia é a ciência da pesquisa dos cheiros e determinou que tanto os homens quanto as mulheres são atraídos uns pelos outros através de mensageiros químicos denominados feromônios.

Estas são substâncias químicas que aumentam o desejo sexual, a preparação sexual, os níveis hormonais, a fertilidade e as emoções mais profundas.

Quando liberados pelo organismo, certos feromônios podem provocar como balas mágicas, que podem atrair os membros do sexo oposto.

O termo feromônio foi montado por 2 pesquisadores, chamados Carlson e Luscher, que utilizaram a palavra de origem grega *ferein*, que indica trazer ou transferir, para hormônio indicando excitação. Feromônios são principalmente percebidos através dos sensores olfativos e vários estudos sugerem que são excretados em várias áreas do organismo, incluindo as glândulas da pele, da saliva, na urina, na vagina e nas fezes. Podem funcionar como catalisadores muito poderosos da atração sexual. Como o organismo envia os segredos químicos através da transpiração, estes são subconscientemente detectados pelo nariz, pelo cérebro e pelo sistema nervoso central.

Aproximadamente 10% dos homens liberam suficientes quantidades de androsterona, o feromônio seletivo que parece estar relacionado com a capacidade de atração sexual. Esses homens podem, inclusive, não ter uma aparência sexual, mas pela liberação do feromônio podem provocar importantes sinais de atração. Os homens liberam androsterona, principalmente através da sua pele e do cabelo. Homens e mulheres excretam quantidades muito pequenas através da urina e o homem excreta, aproximadamente, 4 vezes mais que a mulher. O feromônio é produzido pelas glândulas supra-renais em ambos os sexos.

Pesquisadores têm encontrado um outro tipo de feromônio, principalmente na vagina, denominado copolin, que parece estar correlacionado com as variações hormonais que correspondem às mudanças que acontecem durante o ciclo menstrual. Alguns trabalhos mais recentes têm demonstrado que o uso de feromônio pode ser utilizado para corrigir disfunções sexuais. As pesquisas têm assinalado que a sensação do cheiro é muito pouco utilizada como um tratamento dos problemas sexuais. Alguns trabalhos também têm demonstrado, após 10 anos de estudos, que pode existir um aumento do desejo sexual, principalmente quando são utilizados esses tipos de atrativos químicos.

Os feromônios são comumente utilizados na indústria de perfumes. Muitas companhias afirmam utilizar esses compostos como carregadores da fragrância; aumentam feromônios, utilizados como um produto de sedução. Perfumes são liberados no mercado principalmente como uma forma de atrair o sexo oposto. A combinação perfume e feromônio, definitivamente, pode indicar uma forma interessante de estimulação sexual.

### GHB

É considerado um tônico sexual, ainda não disponível no país e, recentemente, sofreu uma série de restrições nos Estados Unidos; é colocado aqui, principalmente, para conhecimento geral e para indicar que é uma substância produzida naturalmente dentro do organismo. Participa do funcionamento da atividade cerebral, sendo o primo de uma substância que se produz no organismo chamada ácido gama-aminobutílico que provoca relaxamento, principalmente em indivíduos extremamente ansiosos.

O GHB, chamado também de ácido gama-hidroxibutílico, tem propriedades que vão desde a dilatação cervical no momento do parto até o aumento do desejo sexual. Dentro de sua atividade afrodisíaca, o GHB exibe as seguintes qualidades: desinibição, aumento da percepção, aumento da capacidade erétil masculina e aumento da capacidade de orgasmo em ambos os sexos.

### Hormônio de Crescimento

Em um trabalho publicado na revista *New England Journal of Medicine*, na década de 90, foi revelado que o hormônio do crescimento poderia reverter o relógio biológico no processo do envelhecimento.

Os pesquisadores administraram o hormônio do crescimento a um grupo de 12 homens, entre 61 a 81 anos de idade. Durante 6 meses os resultados foram surpreendentes, pois não somente aumentaram os níveis de hormônios de crescimento, mas principalmente foi observado que se reverteram várias condições degenerativas nesses homens, aumentou-se a massa muscular em 9%, a densidade óssea em 2%, a densidade da pele em 7% e diminui-se a gordura corporal em 14%.

Entretanto, o hormônio de crescimento deve ser utilizado por períodos prolongados de tempo; quando ele é suspenso, todos os efeitos benéficos desaparecem num período relativamente curto de tempo e a associação de efeitos colaterais, quando utilizados por períodos prolongados de tempo, não deve ser desprezada, porque podem vir associados até como estímulo de uma célula cancerosa preexistente.

## 9.6. Conclusões

Sem dúvida nenhuma, muitas substâncias naturais, assim como produtos farmacológicos, estão incorporados ao mercado farmacêutico como uma possibilidade terapêutica para melhorar a resposta sexual, principalmente no sexo masculino, e a libido no sexo feminino.

Porém, é importante destacar o cuidado que o paciente deve ter, ao tomar, principalmente em forma de automedicação, esse tipo de suplementação ou produto farmacêutico, já que é impossível evitar a presença de eventuais efeitos colaterais, que em muitos casos podem não ser nocivos ao organismo, mas que podem eventualmente vir a comprometer a qualidade de vida do paciente.

Um dos princípios básicos de todos os tipos de tratamento é que deve existir uma adequada supervisão e principalmente uma interação mútua entre quem vai administrá-lo e quem vai consumi-lo para poder determinar, principalmente, os benefícios do seu uso, diminuindo ou minorizando os eventuais efeitos colaterais, que podem acontecer principalmente a longo prazo.

Um dos grandes problemas associados ao uso dos androgênios, principalmente como agentes anabolizantes em atletas ou em indivíduos que subitamente querem ganhar massa muscular e principalmente uma aparência sexual, é a eventualidade da associação de se verem os efeitos colaterais a curto, médio e longo prazo que não podem ser adequadamente discernidos pelos seus usuários quando utilizados de forma espontânea, por iniciativa própria ou por recomendação de leigos no assunto. Quando existe um interesse na sua utilização, é importante e fundamental ter uma conversa com seu médico.

# 10

# O QUE DEVEMOS SABER DA PRÓSTATA

A próstata tem o tamanho de uma noz, pesando aproximadamente 20 a 25 gramas. Está localizada ao nível da uretra, na base da bexiga. A uretra é um tubo que conduz a urina da bexiga e o caminho-conduto para o sêmen da vesícula seminal através do pênis para o mundo externo. No primeiro centímetro a uretra passa através da próstata.

Existem 3 fases de crescimento da próstata na vida do homem:

1. Do nascimento até a puberdade, um período de níveis baixos de testosterona. A próstata forma uma condição muito pequena, pesando aproximadamente 1 a 2 gramas;

2. Quando começam a aumentar os níveis de testosterona na fase da puberdade, a próstata começa a crescer, atingindo os níveis de 20 a 25 gramas;

3. Aproximadamente em torno dos 50 anos de idade, a próstata começa a crescer novamente, inclusive naqueles pacientes que a testosterona pode declinar.

Nos Estados Unidos a próstata é considerada o lugar mais comum para a ocorrência de câncer. Existem aproximadamente de 300 a 20 mil novos casos por ano e é considerado o segundo tipo de câncer mais comum em homens. Também é o lugar mais comum para lesões não-cancerosas, como o crescimento benigno denominado hiperplasia prostática benigna. Essa última é muito mais comum que o câncer de próstata, mais de 50% dos homens acima de 50 anos de idade desenvolvem um certo grau de hiperplasia prostática benigna e dos que sobrevivem até os 80 anos de idade, 8% a 10% vão ter essa situação. O aumento do tamanho prostático pode ser diagnosticado por 3 vias:

1. Examinação digital;

2. O teste de PCA, que pode ser um sinal prematuro de câncer de próstata, apesar desse estar longe de ser 100% preciso, mas é um importante marcador a ser considerado, principalmente quando mudanças numéricas súbitas acontecem ou quando existem níveis plasmáticos muito elevados. Algumas formas mais apuradas de testes de PCA estão sendo desenvolvidas ultimamente para melhorá-los;

3. Sintomas que estejam associados ao crescimento da próstata.

# *11*

# *CONCLUSÕES*

A andropausa representa uma fase até fisiológica do processo de envelhecimento, porém sua presença pode acontecer em indivíduos jovens quando diferentes fatores causais associados podem terminar influenciando direta ou indiretamente o metabolismo hormonal, provocando deficiência de testosterona, determinando uma impotência sexual ou uma queda da libido, ou pior ainda, a presença de ambos.

Um ritmo de vida alucinante, como aquele observado nas grandes cidades, que se associa a altos níveis de *stress*, provoca duas situações singulares:

1) Um quadro de fadiga crônica que pode provocar um desinteresse sexual sem alterações hormonais evidentes;

2) Uma interação no metabolismo hormonal – colesterol provocando como conseqüência uma queda na produção de testosterona e as conseqüentes manifestações clínicas de uma menopausa precoce.

É importante prestar atenção, principalmente em sociedades machistas, em sintomas vagos, como:

Apatia;
Astenia;
Adinamia;
Fadiga;
Depressão;
Angustia;
Ansiedade;

Irritabilidade;
Insônia;
Sonolência;
Palpitações;
Sudoreses recentes;
Dores musculares atípicas, pois podem indicar uma evidente presença de situações de *stress*, e no interrogatório incluir perguntas relacionadas ao desempenho sexual, como:
Desejo;
Freqüência;
Grau de Ereção;
Grau de Satisfação;
Sonhos Eróticos.

Não é infreqüente achar uma incidência até importante, independente da idade do comprometimento da resposta sexual, em pacientes portadores desses sintomas. Quanto mais cedo o diagnóstico for feito, maiores as possibilidades de um rápido restabelecimento, através de medidas profiláticas como mudanças de hábitos e costumes, orientações psicológicas, tratamentos medicamentosos, suplementos nutricionais. Isto tudo pode levar a um estado de equilíbrio, independente de fatores externos que interfiram no metabolismo orgânico.

É importante esclarecer que a andropausa não é necessariamente uma doença, muito pelo contrário, é uma fase da vida que pode ser perfeitamente controlada, permitindo ao indivíduo manter uma excepcional qualidade de vida.

Um dos maiores mitos associados à perda da libido e à impotência está delimitado pela falta de abertura por parte do paciente, na maior parte das vezes por vergonha em discutir assuntos da esfera sexual, principalmente para não ser motivo de chacota. Isso retarda a procura de ajuda especializada que possa permitir uma rápida recuperação, podendo muitas vezes o fato de esconder a realidade levar a situações desagradáveis para a qualidade de vida do paciente.

O homem, diferentemente da mulher, tem capacidade de se procriar ate o último dia de sua existência e está definitivamente comprovado que, na medida em que o mesmo consegue controlar os fatores de risco, pode atingir uma velhice saudável independente dos fatores genéticos, que hoje em dia, apesar de não serem controláveis, são possíveis de serem modulados de modo que o terreno biológico (corpo) não os expresse como doença.

A vida é um extenso caminho de experiência,
onde diariamente nos enfrentamos
em diferentes realidades.
Não devemos deixar passar fatos concretos
e fechar os olhos,
abrir espaço para o inimigo
e deixar a vertente tóxica
tomar conta do organismo.
É fato que mais vale um grama de prevenção
do que várias toneladas de remédios, por isso:

MAIS VALE UMA VIDA COM SEXO
DO QUE SEXO SEM VIDA (DOENÇA).

## FIGURAS E GRÁFICOS

1 – Comparação do declínio hormonal por idade

2 e 3 – Comparação dos níveis de libido entre homem e mulher por idade

4 – Características morfológicas e anatomia do pênis

5 – Uso de drogas vasoativas injetadas diretamente no pênis

6 – Próteses penianas

7 – Relação de testosterona livre com testosterona ligada a proteína

8 – Metabolismo do colesterol e sínteses de hormônios

9 – Mudança dos níveis de testosterona durante a vida

# BIBLIOGRAFIA

1 – ABRAHAM, G., BROVERMAN, D. M., GONE, F. L., KLAIBER, E., VOGEL, W. Effects of testosterone infusions upon EEGs of normal male adults. *Electroencephalorg. Clin. Neurophysiol.*, 1971, 31, p. 400-403.

2 – ALBERT, D. J., JONIK, R. H., WALSH, M. L. Aggression in humans: what is its biological foundation? *Neurosci. Biobehav. Rev.*, 1993, 17, p. 405-425.

3 – ALKEN, P., JUNEMAN, K. P. Pharmacotherapy of erectile disfunction: a rewiev. *Int. J. Import. Res.*, 1989, 1: 71.

4 – ANDERSON, D. C., ORRMAN-ROSSITER, S. L., SAVAGE, M. W., WEINKOVE, C. Acute intermittent porphyria treated by testosterone implant. *Postgrad. Med., J.*, June 1992, 68(800), 479-481.

5 – BAHRKE, M. S., WRIGHT, J. E., YESALIS, C. E. Psychological and behavioral effects of endogenous testosterone levels and anabolic-androgenic steroids among males: a review. *Sports Med*, 1990, 10, p. 303-337.

6 – BALFOUR, J. A., BRYSON, H. M., LEA, A. P. Intracavernous alprostadil. A review of its pharmacodynamic and pharmacokinetic properties and therapeutic potential in erectile disfunction. *Drugs Aging*, 1996, 8:56.

7 – BANKS, S., BURRIS, A., CARTER, C., DAVISON, J., SHERINS, R. A long-term, prospective study of the physiologic and behavioral effects of hormone replacement in untreated hypogonadal men. *J., Andrology*, 1992,13, p. 297-304.

8 – BEACH, R., HERRMAN, W. Psychotropic effects of androgens: a review of clinical obervartions and new human experimental findings. *Pharmakopsych (Stuttgart)*, 1976, 9, p. 205-219.

9 – BERGER, P., DAVIDSON, J., WIDROW, L., YESAVAGE, J. Plasma testosterone levels, depression, sexuality and age. *Biol. Psychiatry*, 1985, 20, p. 222-224.

10 – BERMAN, N. A biodegradable testorerone microcapsule formulation provides uniform eugonadal levels of testosterone (for 10 weeks in hypogonadal men.) *J. Clin. Endocrinol. & Metab.*, January 1992, 74(1), p. 75-83.

11 – BERMAN, N., BHASIN, S., BUNNELL, T. J., CALLEGARI, C., CASABURI, R., CLEVENGER, B., PHILLIPS, J., SHIRAZI, A., STORER, T. W., TRICKER, R. The effects of supraphysiologic doses of testosterone on muscle size and strength in normal men. *N. Eng. J. Med.*, July 1996, 335(1), p. 1-7.

12 – BISHOP, J., LAURENT, G., SAVVAS, M., STUDD, J., WATSON, N. Type III collagen content in the skin of postmenopausal women receiving oestradiol and testosterone implants. *Br. J. Obstet. & Gynaecol.*, February 1993, 100(2), p. 154-156.

13 – BLOCK, P. M., ZARREN, H. S. Unilateral gynecomastia and impotence during low dose spirolactone administration in men. *Mil. Med.*, 1995, 140:417.

14 – BLOUIN, A. G., GOLDFIELD, G. S. Body image and steroid use in male body builders. *Int. Eating Disorders*, September 1995, 18(2), p. 159-165.

15 – BOLT, J. W., EVANS, C., MARSHALL, V. R. Sexual disfunction after prostatectomy. *Br. J. Urol.*, 1986, 58:319.

16 – BRAUNSTEIN, G. D. Tests. *Basic and Clinical Endocrinology*, 4th ed., Norwalk, CT, ed. F.S. Greenspan and J. D. Baxter, Appleton and Lange, 1994.

17 – BURK, J. P. *Impotence*. Philadelphia, Saunders, 1994.

18 – BUYUKGEBIZ, A. Treatment of constitutional delayed puberty with a combination of testosterone esters. *Hormone Research*, 1995, 44, Suppl. 3, p. 32-34.

19 – CARSON, C. C., COUGHLIN, P. W. F. Radiation therapy for Peyronie's disease: is there a place? *J. Urol.*, 1985, 134:684.

20 – CARSON, C. C., KIM, J. H. Development of Peyronie's disease with the use of vacuum constriction device. *J. Urol.*, 1993, 149:1314.

21 – CARTER, J. N., TOLIS, G., TYSON, J. E. et al. Prolaction-secreting tumors and hypogonadism in 22 men. *N. Engl. J. Medications*, 1978, 199, 847.

22 – CHOI, P. Y., DAVIES, M., PARROTT, A. C. Anabolic steroid use by amateur athletes: effects upon psychological mood states. *J. Sports Med. & Phys. Fitness*, September 1994, 34(3), p. 292-298.

23 – CHOI, P. Y., PAPE, H. G. Violence toward women and illicit androgenic-anabolic steroid use. *Annuals Clin. Psychiatry*, March 1994, 6(1), p. 21-25.

24 – COHEN-KETTENIS, P. T., FRIDJA, N. H., GOOREN, L. J., GOOZEN, S. H. van, POLL, N. E. van de. Activating effects of androgens on cognitive performande: casual evidence in a group of female-to-male transsexuals. *Neuropsychologia*, October 1994, 32(10), p. 1153-1157.

25 – COOK, N., DAVIES, R. H., HARRIS, B., READ, G., RIAD-FAHMY, D., THOMAS, D. R. Salivary testosterone levels and major depressive illness in men. *Br. J. Psychiatry*, 1992, 161, p. 629-632.

26 – CULHA, M., FISHMAN, I. J., SCOTT, F. B. Sixteen year experience in the management of infected penile prothesis utilizing the rescue procedure. *J. Urol.*, No. 5, Supplement, Abst # 1053, 1998, 159.

27 – CUNNINGHAM, G. R. et al. *JAMA*, 1989, 261:2525.

28 – DAVIDSON, C. S. *Physicians Desk Reference*, Montvale, N. J., Medical Economics, 1996.

29 – FOGELLAMAN, J., GARNETT, T. J., LEATHER, A. T., NORMAN, S., SAVVAS, M., STUDL, J. W. Increase in bone mass after one year of percutaneos oestradiol and

testosterone implants in post-menopausal women who have previously received long-term oral oestrogens. *Brit. J. Obstet. & Gynaecol.,* September 1992, 99(9), p. 757-760.

30 – GARCIA, D. A., GRAY, G. F., YENDT, E. R. The use of thiazides in prevention of renal calculi. *Con. Med. Assoc. J.*, 1970, 102:614.

31 – HELLER, C., MYERS, G. The male climacteric and its symptomatology, diagnosis and treatment. *JAMA*, 1944, 126, p. 472-477.

32 – HELLSTROM, W. J. G., KAISER, F. E., PADMA-NATHAN, H. et al. Treatment of men with erectile disfunction with transurethral alpostradil. *N. Engl. J. Med.*, 1997, 336:1.

33 – KAUFMAN, J. J. Penile prosthetic sugery under local anesthesia. *J. Urol.*, 1982, 123:1190.

34 – KRUIF, P. de. *The Male Hormone.* New York, Harcout, Brace and Company, 1945.

35 – LASETER, J. T., RUSSEL, J. A. Anabolic steroid-induced tendon pathology: a review of the literature. *Med. & Sci. in Sport & Ex.*, January 1991, 23 (1), p. 1-3.

36 – LEHRMAN, S. Can the clock be slowed? *Harvard Health Letter*, January 1995, 20(3), p. 1-3.

37 – LIAO, S. Human prostate tumor growth in athymic mice: inhibition by androgenic oral stimulation of finasteride. *Proceedings Nat. Acad. Sci.*, October 1996, vol. 93.

38 – LIZZA, E. F., ZORGNIOTTI, A. W. Effect of large doses of the nitric oxide precursor. L-arginine on erectile disfunction. *Int. J. Import Res.*, 1994, 6, p. 33-35.

39 – LUE, T. F. Impotence: a patient goal-directed approach to treatment. *World J. Urol.*, 1990, 8, p. 67-74.

40 – LUKAS, S. E. Current perspectives on anabolic-androgenic steroid abuse. *Trends Phamacol. Sci.*, February 1993, 14(2), p. 61-68.

41 – MELCHERT, R. B., WELDER, A. A. Cardiotonic effects of cocaine and anabolic-androgenic steroids on athletes (review). *J. Pharmacolog. & Toxicolog. Meth.*, April 1993, 29(2), p. 61-68.

42 – MOAZ, B., MEIROZ, D., OZHAR, J. Factors influencing sexual activity after prostatectomy: a prospective study. *J. Urol.*, 1976, 116:332.

43 – MORLEY, J. E., VILLAREAL, D. T. Trophic factors in aging: should older people receive hormonal replacement therapy? *Drugs & Aging*, June 1994, 4(6), p. 492-509.

44 – NEEDHAM, J. *Science and Civilization in China (Vol. 5)*, Cambridge, Cambridge University Press, 1983.

45 – PAGLIARO, M., PICKAR, D., RUBINOW, D. R., SCHMIDT, P. J., SU, T. P., WOLKOWITZ, O. Neuropsychiatric effects of anabolic steroids in male normal volunteers. *JAMA*, 1993, 269, p. 2760-2764.

46 – PARCERELLI, J. H., SANDLER, B. A. Narcisism and empathy in steroid users. *J. Psychiatry*, November 1995, 152(11), p. 1672-1674.

47 – PERRYMAN, R. L., THORNER, M. O. The effects of hyperprolactinemia on sexual and reproductive function in men. *J. Androl.*, 1981, 5:233.

48 – POITRENAUD, J., VALLERON, A. J., VALLERY-MASSON, J. Factors related to sexual intercourse frequency in a group of French pre-retirement managers. *Agring*, 1981, 10, p. 53-59.

49 – POLLACK, C. P., SPIELMAN, A. J., WASSERMAN, M. D. Impaired nocturnal erections and impotence following transurethral prostatectomy. *Urol.*, 1980, 15:552.

50 – RUVALCABA, R. Testosterone therapy in Klinefelter's syndrome. *Andrologia*, 1992, 161, p. 629-632.

51 – TENOVER, J. S. Effects of testosterone supplementation in the aging male. *J. Clin. Endocrinol. Metab.*, 1992, 75, p. 1092-1098.

52 – Testosterone for the aging male. Continuing Education Seminar, Division of Endocrinology, Diabetes and Clinical Nutrition, Oregon Health Sciences University, August 10, 1996,

53 – Testosterone Transdermal System-Androdermâ. *U.S. Prescribing Information*, Smith Kline Beecham, 1997.

54 – VOLLENHOVEN, R. F. van et al. *Arthritis Rheum.*, 1995, 38:1826.

55 – WITHERINGTON, R. The Osborn Erecaid system in the management of erectile impotence. *J. Urol.* 1985, 33A:306.

56 – YEN, S. S. C., et al. *Ann NY Acad. Sci.*, 1995, 774:128.